V&R

Peter Zimmerling

Die Losungen

Eine Erfolgsgeschichte durch die Jahrhunderte

Vandenhoeck & Ruprecht

Mein großer Dank gilt Frau Margitta Berndt, Herrnhut und Herrn Johannes Schütt, Leipzig für ihre Hilfe bei der Erstellung und Korrektur des Manuskripts.

Mit 10 Abbildungen

Umschlagabbildung: mit freundlicher Unterstützung der Evangelischen Brüder-Unität / www.losungen.de

Bibliografische Information der Deutschen Nationalbibliothek

Die Deutsche Nationalbibliothek verzeichnet diese Publikation in der Deutschen Nationalbibliografie; detaillierte bibliografische Daten sind im Internet über http://dnb.d-nb.de abrufbar.

ISBN 978-3-525-63053-2

Weitere Ausgaben und Online-Angebote sind erhältlich unter: www.v-r.de

Satz: textformart, Göttingen | www.text-form-art.de
Umschlag: SchwabScantechnik, Göttingen
Druck und Bindung: ⊕ Hubert & Co, Göttingen

Gedruckt auf alterungsbeständigem Papier.

Inhalt

Vorwort

»Ein guter Muth, als das Tägliche Wohl-Leben der Creutz Gemeine Christi zu Herrnshuth, im Jahr 1731. Durch die Erinnerung ewiger Wahrheiten, Alle Morgen neu.«

Diese Worte stehen auf der ersten Seite der ersten gedruckten Losungsausgabe, die vor mehr als 280 Jahren erschienen ist. Sie machen geradezu programmatisch deutlich, mit welcher Absicht Nikolaus Ludwig Graf von Zinzendorf, der spirituelle Vater der Herrnhuter Brüdergemeine, das kleine Büchlein herausgebracht hat. Sie sollen an jedem neuen Morgen erinnern an die ewigen Wahrheiten, die in der Bibel zu finden sind, und Menschen Mut schenken für ihr tägliches Leben. Zunächst nur für die kleine Gemeinschaft in Herrnhut bestimmt, haben die Losungen seitdem einen erstaunlichen Siegeslauf durch die Zeiten hindurch und über die Kontinente hinweg angetreten und eine nahezu unvergleichliche Erfolgsgeschichte erlebt. Sie sind heute das wohl am weitesten verbreitete und am meisten gebrauchte evangelische Andachtsbuch überhaupt. Tagein, tagaus nehmen es hunderttausende, ja vielleicht sogar Millionen von Menschen zur Hand. Sie lesen darin in inzwischen mehr als 50 Sprachen dieselben Worte aus dem Alten und aus dem Neuen Testament als persönliche Botschaften für ihr Leben. Durch die Jahrhunderte hindurch sind die Losungen und Lehrtexte der Brüdergemeine unzähligen von ihnen ein treuer Begleiter gewesen, in guten wie in schweren Tagen haben sie ihnen Kraft und Ermutigung zugesprochen und zugleich auch Wegweisung gegeben.

In dem vorliegenden Buch zeichnet Peter Zimmerling die Erfolgsgeschichte der Losungen nach. Aus seiner profunden Kenntnis heraus stellt er prominente Losungsleser aus der Vergangenheit und ihren persönlichen Umgang mit den Losungen vor. Persönlichkeiten wie Johann Christoph Blumhardt, Wilhelm I., Otto von Bismarck, Graf Zeppelin, Jochen Klepper, Dietrich Bonhoeffer und Hellmut Gollwitzer sind darunter zu finden, um hier nur einige Namen zu nennen. Die Leserinnen und Leser werden sehr viel Überraschendes in diesem Buch entdecken. Der Autor zeigt über die Vorstellung dieser prominenten Losungsleserinnen und -leser und ihres oft sehr individuellen Losungsgebrauchs hinaus aber auch allgemein Gründe für die Erfolgsgeschichte der Losungen auf, würdigt ihre besondere Stärke und schätzt die Chancen dafür ein, dass die Losungen auch im 21. Jahrhundert den spirituellen Bedürfnissen moderner Menschen entgegenkommen und ihre Geschichte weitergeht. Entstanden sind die Beiträge, die in diesem Buch gesammelt sind, durch die jahrelange Beschäftigung des Autors mit den Losungen selbst und mit den Menschen, die sie in der Vergangenheit gelesen haben und noch heute lesen.

Ich wünsche Ihnen viel Freude bei der Lektüre und beim Entdecken von Dimensionen der Losungen, die Ihnen bisher womöglich kaum bekannt gewesen sind.

Bad Boll, im September 2013

Pfarrer Frieder Vollprecht
Vorsitzender der Direktion
der Evangelischen Brüder-
Unität

Nikolaus Ludwig Graf von Zinzendorf (1700–1760) und die Herrnhuter Brüdergemeine: Zur Vorgeschichte der Losungen

Zinzendorf als Lehrer der Völker,
Gemälde von Johann Valentin Haidt nach 1747
© Abbildung: Unitätsarchiv Herrnhut, GS 583

Der Erfinder der Herrnhuter Losungen war Nikolaus Ludwig Graf von Zinzendorf, einer der bedeutendsten und umstrittensten evangelischen Theologen des 18. Jh. Voraussetzung für Entstehung und Erfolgsgeschichte der Losungen war die Formierung der Herrnhuter Brüdergemeine in den 1720er Jahren, die in der Folgezeit durch ihre Missions- und Diasporaarbeit weltweit expandierte. Als der Graf 1760 starb, gab es auf allen damals bekannten Kontinenten Herrnhuter Gemeinorte. Die Losungen waren zum wichtigsten Kommunikationsmittel und Bindeglied der weltweiten Brüdergemeine geworden.

Zinzendorfs Kindheit und Jugend

Zinzendorfs Familie stammte aus altem österreichischem Adel; zur Zeit der Reformation war sie zum Protestantismus übergetreten.[1] Während der Gegenreformation verließ der Großvater des Grafen die alten niederösterreichischen Erblande und siedelte sich in Franken in der Umgebung Nürnbergs an. Sein zweiter Sohn Georg Ludwig zog weiter nach Sachsen, wo er kurfürstlich-königlicher Konferenzminister wurde. Er heiratete Charlotte Justine von Gersdorf, eine Tochter des Geheimen Ratsdirektors und Landvogts der Oberlausitz und seiner Frau Henriette Katharina.

Ihr Sohn Nikolaus Ludwig, genannt Lutz, wurde am 26. Mai 1700 in Dresden geboren. Zinzendorfs Mutter schrieb unter das Geburtsdatum ihres Sohnes in die Hausbibel: »26.5.1700, Mittwoch abends gegen sechs Uhr hat der allerhöchste Gott mich in Dresden mit meinem Sohne Nikolaus Ludwig in Gnaden beschenkt, welcher aber nach sechs Wochen zur vaterlosen Waise geworden, da mein herzliebster Gemahl, dessen Herr Vater, der selige Graf von Zinzendorf, mir von der Seite gerissen worden. Der Vater der Barmherzigkeit regiere dieses Kindes Herz, daß es in den Wegen der Tugend aufrichtig einhergehe. Er lasse kein Unrecht über ihm herrschen und seinen Gang gewiß sein in seinem Wort: so wird es ihm an keinem Guten hier zeitlich und dort ewiglich fehlen, sondern er wird in der Tat erfahren, daß der König aller Könige und der Herr aller Herren von sich sagt: Ich bin der Waisen Vater.«[2] Viel später notierte darunter der junge Zinzendorf: »factum est!« = »Das ist geschehen.«

Da die Mutter bald wieder heiratete und ihrem zweiten Mann, dem späteren Generalfeldmarschall von Natzmer, nach Berlin folgte, wuchs Nikolaus Ludwig unter der Obhut seiner

Großmutter auf. Henriette Katharina von Gersdorf, geb. von Friesen, wohnte in der Wasserburg Hennersdorf in der sächsischen Oberlausitz. Sie war eine der gebildetsten Frauen an der Wende zwischen dem 17. und 18. Jh., und ihre »Milde, christliche Liebe und Guttat« wurden gerühmt.[3] Katharina von Gersdorf verstand mehrere Sprachen, las die Bibel im Urtext, dichtete lateinische und deutsche Verse und stand in umfangreichem Briefwechsel mit Gelehrten ihrer Zeit. Dazu gehörten Leibniz, Spener und Francke. Besonders lag ihr die Förderung des kirchlichen Lebens am Herzen.

Der kleine Lutz verlebte seine Knabenjahre auf dem Landsitz seiner Großmutter. Ihr Vorbild weckte in dem Jungen sehr früh die Liebe zu Jesus. »Meine nahe Bekanntschaft mit dem Heilande kommt daher, daß ich zehn Jahre in meiner Großmutter, der Landvögtin von Gersdorf, eigenem Kabinett in Hennersdorf bin erzogen worden. Da habe ich sie mit dem Heiland reden hören über Sachen, die ich freilich nicht alle verstand, habe aber doch daraus geschlossen, daß der gemeinschaftliche Gottesdienst draußen und im Hause nicht alles sei für die Person, bei der ich wohnte, sondern daß sie unendlich mehr allein mit ihrem Herrn zu tun hatte.«[4]

Mit zehn Jahren kam Nikolaus Ludwig ins Internat nach Halle. Der Beschluss des Familienrats war gegen den Willen der Großmutter zustande gekommen. Das Pädagogium, eine fromme Privatschule, gehörte zu den von August Hermann Francke ins Leben gerufenen Stiftungen, eine riesige Schulstadt, in der damals rund 2000 Schüler lebten.[5] Für Nikolaus Ludwig begann eine harte Schule. Klatsch, Verleumdungen und Disziplinprobleme setzten ihm zu. Ein übelriechendes Ei auf dem Teller eines Lehrers, zerbrochene Fensterscheiben in einer Lehrerwohnung … Der behütete Reichsgraf wurde zum Sündenbock für Schülerstreiche.

Aber das war nicht alles. Er fand auch Freunde und traf sich mit ihnen zum Gebet. Sie gaben sich ein Wort aus der Heiligen Schrift als Losung für den Tag und verbanden sich zu einem »Senfkornorden«.[6] Wenn sie einmal erwachsen wären, wollten sie gemeinsam Mission treiben und Heiden zum christlichen

Glauben bekehren. Die Angehörigen des »Senfkornordens« trugen neben einem Ring mit der Inschrift »Keiner lebt ihm selber!« auch ein Kreuz als besonderes Symbol der Herrschaft Gottes. Neben der Mission an Heiden und Juden sollten sich die Ordensbrüder durch Duldsamkeit, Treue im Glauben und durch die Liebe zum Nächsten auszeichnen.

Zinzendorfs Berufswunsch war klar: Er wollte Pfarrer werden. Da er aber Aristokrat war, hatte die Großmutter das zu verhindern gewusst. Es schickte sich nicht für einen evangelischen Hocharistokraten, den Pfarrberuf zu ergreifen. Zusammen mit dem Familienrat zwang sie ihn, das Studium der Jurisprudenz aufzunehmen. Dazu wechselte er mit 16 Jahren von Halle nach Wittenberg an die dortige orthodox-lutherische Fakultät.[7] In der alten Stadt Martin Luthers lernte er die Kämpfe kennen, die sich damals zwischen den orthodoxen Lutheranern und den pietistischen Kreisen der Kirche abspielten. Zinzendorf wagte es als Student, zwei Professoren zu einer Unterredung zu veranlassen, die sich bekämpften und dennoch vorgaben, einem Herrn zu dienen. Der junge Graf ging in seinen Vermittlungsbemühungen zwischen Lutheranern und Pietisten so weit, dass man das Eingreifen des Dresdner Ministeriums befürchten musste.[8] Der Onkel und Vormund Nikolaus Ludwigs, der Generalfeldzeugmeister der sächsischen Armee, verfügte daraufhin, dass sein Neffe sofort die Stadt an der Elbe zu verlassen hätte, um sich auf Reisen zu begeben. So verließ der 19jährige Zinzendorf nach 3jährigem Studium die Lutherstadt, um eine Kavaliersreise durch das westliche Europa anzutreten.

Eine solche Kavaliersreise war das Privileg des Adels.[9] Es handelte sich um eine Bildungsreise, bei der die fortschrittlichsten Länder des damaligen Europa wie Holland, Flandern und Frankreich besucht wurden. Auf der Durchreise sah Zinzendorf in einer Düsseldorfer Galerie ein Ölbild des italienischen Meisters Domenico Feti.[10] Das Bild zeigte Jesus mit der Dornenkrone. Es trug in lateinischer Sprache die Unterschrift: »Das tat ich für dich, was tust du für mich?«[11] Der Graf wurde beim Betrachten des Bildes in seinem Entschluss bestärkt, sich in seinem Leben mit ganzer Hingabe dem Dienst Jesu zu widmen.

Während der Bildungsreise lernte er die führenden Köpfe der westeuropäischen Frühaufklärung kennen. So kamen ihm aller Wahrscheinlichkeit nach bereits damals die kritischen Gedanken Pierre Bayles (1647–1706) über das Christentum und die Kirche zu Gehör, mit denen er sich zeit seines Lebens auseinandergesetzt hatte. In Paris schloss er Freundschaft mit dem katholischen Primas von Frankreich, dem Kardinal Noailles. Bleibende ökumenische Interessen waren das Ergebnis dieser Bekanntschaft.

Heirat und Entstehung Herrnhuts

Auf der Rückreise von seiner Kavalierstour kam Zinzendorf auch in die süddeutschen Staaten, wo er vorwiegend bei Verwandten weilte. Er warb hier um eine Kusine. Als er jedoch erfuhr, dass sein früherer Hallenser Freund Heinrich XXIX. von Reuß-Ebersdorf die Kusine Zinzendorfs zu heiraten wünschte, trat er diese an seinen Freund ab. Der junge Graf hatte indessen Heinrichs Schwester Erdmuthe Dorothea, Reichsgräfin zu Reuß-Ebersdorf, kennengelernt. Er sah in der Begegnung mit ihr nicht etwas Zufälliges, sondern den ihm von Gott vorgezeichneten Weg. Im September 1722 heiratete er die Reichsgräfin. Sie beschlossen, miteinander eine »Streiterehe« zu führen, in der sie ihr Leben in den Dienst für die Sache des Reiches Gottes stellen wollten.[12]

Zinzendorf wurde unbezahlter sächsischer Hof- und Justizrat in Dresden. Unter August dem Starken herrschte dort ein lockeres und auf Vergnügungen ausgerichtetes Leben. Es wurde errechnet, dass August von seinen Mätressen 354 Kinder gehabt habe.[13] Zur Zeit Zinzendorfs war Dresden einer der glanzvollsten Höfe Europas, stilbildend für ganz Deutschland.[14] Äußerliches Zeichen der prunkvollen Lebenshaltung ist bis heute der Dresdner Zwinger, der ab 1722 gebaut wurde. Er war ein von einstöckigen Galerien umschlossener, nach der Elbe hin offener quadratischer Hof, der als »Festsaal im Freien« für Turniere, Spiele und höfische Empfänge diente. Die hier entfaltete barocke Festkultur war einmalig in Europa und übertraf sogar noch den Versailler Hof. Die spätere geistliche Festkultur Herrnhuts ist nicht ohne die Erfahrungen des jungen Zinzendorf am Dresdner Hof denkbar.

Während dieser Zeit wurde der Graf immer mehr zum Außenseiter der Dresdner Gesellschaft. Die höfischen Sitten widersprachen seinen christlichen Wertmaßstäben. Stattdessen betete der Reichsgraf mit Armen und Kranken, half den religiös Suchenden, hatte Gemeinschaft mit Straffälligen; er sagte die Wahrheit und zeigte Fehler auf; er half den kleinen Bürgern, wenn sie mit ihren Anliegen zu ihm kamen; er verweigerte den Beamteneid. In Ebersdorf in Thüringen, der Heimat seiner Frau, hatte Zinzendorf eine Schlossgemeinde kennengelernt, in der sich die Erweckten zur gemeinsamen Erbauung nach dem Vorbild von Philipp Jakob Speners (1635–1705) »Collegia pietatis« trafen. Entsprechende Hausversammlungen hielt er in Dresden ab.

Kurz vor seiner Heirat hatte Zinzendorf in der Oberlausitz das Gut Berthelsdorf einschließlich des dazu gehörenden Dorfes von seiner Großmutter erworben. Auch dort versuchte er zusammen mit seiner Frau, eine geistliche Schlossgemeinde aufzubauen.

Seine Lebensaufgabe aber fand der Graf an einer Stelle, wo er sie nicht gesucht hatte. 1722 baten böhmisch-mährische Glaubensflüchtlinge, sich auf dem Boden seines Gutes Berthelsdorf ansiedeln zu dürfen. Am 17. Juni 1722 fällte der Zimmermann Christian David den ersten Baum, um damit – nur wenige Kilometer von Berthelsdorf entfernt – den Aufbau von Herrnhut zu beginnen. »Der Vogel hat ein Haus gefunden und die Schwalbe ihr Nest«, beteten und dankten die vertriebenen Brüder damals mit dem 84. Psalm.[15] Ein anderer Pionier Herrnhuts, der Leineweber David Nitschmann, schilderte einen frühen Besuch des Grafen und seiner Gefolgschaft in der neuen Siedlung Herrnhut. Der Bericht lässt etwas von der Fremdheit spüren, mit der sich die böhmischen Glaubensflüchtlinge und das Grafenpaar zunächst begegnet sind: »Nachmittags um 3 Uhr kamen der Herr Graf und die Frau Gräfin von Zinzendorf mit sechs Pferden von Hennersdorf gefahren, und weil wir Briefe an sie vom

Magister Schwedler hatten, so übergaben wir dieselben auch gleich. Allein nach unsern Gedanken nahmen sie sie viel zu gleichgültig an, und so taten sie auch gegen uns, welches uns bald an ihrer Frömmigkeit irregemacht hätte, denn wir waren wirklich darüber betrübt worden. Bald darauf versammelte sich ein Häufchen Leute auf dem Platz, worunter auch der Herr Magister Scheffer von Görlitz war, zur Grundsteinlegung des damals sogenannten Großen Hauses. Der Herr Graf hielt erstlich eine Rede über den Zweck dieses Baues und sagte dabei, daß – wenn der liebe Gott selbigen Zweck mit diesem Haus nicht erhielte – er wünschen wollte, daß der Donner einschlagen und das Feuer verzehren lassen usw. Darauf kniete der Herr Baron von Wattewille auf dem Grundstein nieder und tat unter vielen Tränen ein erstaunliches Gebet, welches unsere Herzen ganz einnahm.«[16]

Man hat in Herrnhut in den ersten Jahren sehr hart arbeiten müssen.[17] Die Flüchtlinge waren ohne irgendwelches Kapital gekommen: Sie waren bei Nacht und Nebel über die Grenze gegangen und hatten ihr ganzes Eigentum zurückgelassen. So war es lebensnotwenig, dass sie sehr sparsam wirtschafteten und ganz einfache Häuser bauten. Der berühmte Herrnhuter Barock ist erst in späterer Zeit entstanden. Zunächst stand der Kampf um das tägliche Brot im Vordergrund. Da die Asylanten zumeist Handwerker waren, hatten sie glücklicherweise ihre handwerklichen Fähigkeiten mitbringen können. Außerdem ermöglichte ein zweiter Umstand bald ein einigermaßen gesichertes Einkommen: Herrnhut wurde an einer verkehrsreichen Straße erbaut. Das brachte den Vorteil des günstigen Standortes, an dem die hergestellten handwerklichen Produkte leicht verkauft werden konnten.

Aus den ersten Häusern wurde schnell ein Flecken, ja ein ganzes Dorf, in dem viele um ihres Glaubens willen Verfolgte eine neue Heimat fanden. Bis zum Jahr 1727 war Herrnhut auf 220 Personen angewachsen, von denen ein Drittel Nicht-Mähren war. Herkunfts- und bildungsmäßig wie auch religiös herrschte ein buntes Gemisch, was zu starken religiösen Spannungen führte. Der Graf fasste daraufhin den folgenschwersten

Entschluss seines Lebens: Er nahm Urlaub von seinem Amt als Hof- und Justizrat in Dresden und siedelte ganz nach Herrnhut über, um auf das Zusammenleben unmittelbar Einfluss nehmen zu können.

»Wir lernten lieben«: der 13. August 1727

Von seinem Staatsamt in Dresden beurlaubt, begann Zinzendorf in Herrnhut, eine feste Gemeindeordnung in Form von »Ortsstatuten« zu erarbeiten. Dazu führte er mit den Einwohnern viele seelsorgerliche Gespräche, um sie aus Selbstsucht und Selbstgerechtigkeit heraus zu gegenseitiger Achtung und Liebe zu führen.

Der Erfolg seiner Mühe war die freiwillige Annahme der Statuten durch alle Bewohner Herrnhuts am 12. Mai 1727. Die Gemeindeordnung erschien in zweierlei Gestalt: erstens als Dorfverfassung für die politische Gemeinde Herrnhut (»Herrschaftliche Gebote und Verbote«); zweitens als Statuten für die geistliche Gemeinde (»Brüderlicher Verein und Willkür in Herrnhut«).[18] Theoretisch wurde hier zwischen einer alle verpflichtenden *bürgerlichen* und einer freiwilligen *geistlichen* Verfassung unterschieden. Tatsächlich gehörte aber nahezu jeder Einwohner Herrnhuts auch dem »Brüderlichen Verein« an. Die Entwicklung lief dadurch von Anfang an auf eine Verschmelzung von bürgerlicher Gemeinde und Kirchengemeinde hinaus.[19] Weil alle zur Kerngemeinde gehörten, entstand in Herrnhut keine Ecclesiola im Sinne Speners, eine Sondergruppe derer, die innerhalb der volkskirchlichen Gesamtgemeinde mit Ernst Christen sein wollten.

Damit Herrnhut seine Sendung erfüllen konnte, hätten die Statuten jedoch allein nicht genügt. Zinzendorfs Plan, einen Ort zu schaffen, durch den die Welt bewegt würde,[20] gelang nur, weil es an diesem Ort zu einer Erweckung kam. Mehrere Ereignisse bereiteten diese vor. Zunächst fand man sich in seelsorgerlichen Kleingruppen von drei bis fünf Personen, den sogenannten Banden,[21] zusammen, in denen es zur Erneuerung der geistlichen Gemeinschaft zwischen den Einwohnern Herrnhuts kam.[22] Von besonderer Bedeutung war in den ersten Monaten auch die gemeinsame Bemühung – vor allem in der Fürbitte – um einen im Nachbarort zum Tode verurteilten Menschen. Ein tiefes Erschrecken vor dem Gericht Gottes ergriff die Herrnhuter und führte zu einer Bußbewegung unter ihnen. Die Folge war ein inneres Verlangen nach Bibelbesprechstunden und Gebetsgemeinschaften. Dazu kamen gegenseitige seelsorgerliche Besuche. Außerdem brachte Zinzendorf von einer schlesischen Reise die Historie der Böhmischen Brüder von Johann Amos Comenius (1592–1670) mit, in der die Brüder ihre eigene Geschichte entdeckten. Sie stellten eine innere Verwandtschaft der in Herrnhut zustande gekommenen Ordnung der Laienämter mit der Kirchenordnung der Väter fest.[23] Entscheidend wurde eine gemeinsame Abendmahlsfeier der Herrnhuter in Berthelsdorf.[24] Dort, im Hauptort von Zinzendorfs Gütern, zu dem Herrnhut in kirchlicher Hinsicht gehörte, war Johann Andreas Rothe (1688–1758) Pfarrer. Er hatte die Herrnhuter eingeladen, mit ihm zusammen das Abendmahl zu empfangen. Hören wir, was darüber im Herrnhuter Diarium, im Tagebuch der Brüdergemeine von 1727, steht. Es wurde auf Grund von unmittelbaren Aufzeichnungen Anfang der dreißiger Jahre niedergeschrieben: »13. August. Das große und ungemein erweckte Abendmahl wurde denn gehalten am 13. August. Zuvor, ehe wir in die Kirche gingen, und auf dem Wege hinein, redete je einer mit dem anderen und hie und da fanden sich ihrer zwei, die sich miteinander zusammenschlossen unter den Brüdern. In der Kirche ward der Anfang gemacht mit dem Liede: Entbinde mich, mein Gott, wobei eine verruchte Person, so der Handlung zusah, ganz zermalmt wurde. Darnach ward ein recht apostolischer Segen von Herrn Rothe auf die zwei Konfirmierten geleget und von der Gemeine bekräftiget. Als bald darauf fiel die Gemeine vor Gott nieder, fing zugleich an, zu weinen und zu singen: Hier legt mein Sinn sich vor dir nieder. Man konnte kaum unterscheiden, ob gesungen oder geweint würde, und es geschah beides zugleich mit solcher Anmut, daß auch der Prediger, welcher administrierte (denn Herr Rothe ging mit der

Gemeine zum Tisch des Herrn) ganz perplex drüber wurde. Nachdem das Lied vorbei war, beteten etliche Brüder mit Gotteskraft, trugen dem Herrn die gemeinschaftl. Not und sonderlich dieses vor, daß man sich um und um fast keinen Rat sähe mit diesen, die aus dem Diensthause [der Verfolgung durch die Gegenreformation] gegangen wären, ohne Sektiererei oder Trennung durchzukommen und daß doch beides der rechten Art seines Hauses nicht gemäß sei. Wir baten Ihn also kindlich und ringend, er solle uns die rechte Natur seiner Kirche lehren und uns in der äußern Verfassung so leben lassen und wandeln, daß wir unbefleckt und dabei unanstößig blieben, damit wir nicht einsam, sondern fruchtbar würden und weder die Ihm geschworene Treue und den Gehorsam gegen sein Wort noch die gemeine Liebe in den Kleinsten verletzten. Wir baten ihn, daß er uns in der rechten Heilsordnung seiner Gnade wolle teilhaftig sein und nicht geschehen lassen, daß eine Seele von der Blut- und Kreuz-Theologie, daran unsre einige Erlösung hinge, auf sich selbst und ihr Gutes abgeführt werden möchte. Wir trugen ihm sonderlich unsrer benachbarten Brüder bedenkliche Umstände vor und so viele 100 durch diese Oeconomia [Haushaltung, d.h. Herrnhut] andernorts erweckte Seelen, die teils auf Abwege geraten, teils keine Zucht des Geistes annehmen, sondern sich nur aufs Wissen legen wollten. Nachdem nun die innigste Salbung über uns alle ausgeflossen und wir nicht ferne von Ihm waren, baten wir in Glaubens-Gewißheit, er solle unsre beiden Ältesten, Christian David und Melchior Nitschmann (die aus guter Meinung, aber mit betrübtem Ausgang in Sorau waren), kräftig in unsre Gemeinschaft ziehen und erfahren lassen, was wir erfuhren. Nach der Absolution wurde das Mahl des Herrn mit gebeugten und erhöhten Herzen gehalten und wir gingen ziemlich außer uns selbst ein jeglicher wieder heim … Wir brachten diesen und folgenden Tag in einer stillen und freudigen Fassung zu und lernten lieben.«[25]

Kennzeichnend für diesen Bericht ist die Erkenntnis der Schuld aneinander und vor Gott. Die Brüder begriffen, dass ihr christliches Zeugnis nur als versöhnte Gemeinschaft fruchtbar werden konnte. Sie sagten sich darum sowohl vom Separatismus als auch von fehlender Kirchenzucht los. Mitte ihrer Theologie sollte nicht die eigene Heiligkeit sein, die sie durch besondere fromme Leistungen erwarben. Im Zentrum ihres Glaubens sollte fortan die Erlösung durch das Blut Jesu Christi stehen. Am Schluss gedachten die Brüder in der Fürbitte der ihnen bekannten anderen Gläubigen. Damit sind sämtliche Motive der späteren weltweiten Wirksamkeit der Brüdergemeine in der Stunde ihrer geistlichen Geburt vorweggenommen: Das Wissen um die Verlorenheit jedes Menschen vor Gott; die Neuentdeckung der Botschaft von der Rechtfertigung aus Glauben; der Versuch des Aufbaus einer Gemeinde mit eigenständigen Strukturen und Ämtern im Rahmen des vorhandenen Staatskirchentums; das daraus folgende missionarische Wirken; der Aufbau einer Diaspora-Arbeit, eines Besuchsdienstes unter den Christen aller Konfessionen.

Zinzendorf und die leitenden Brüder und Schwestern haben das Geschehen vom 13. August 1727 immer als einschneidendes Erlebnis betrachtet. Der Graf nannte diesen Tag »ihren Pfingsttag«. David Nitschmann meinte: »Von der Zeit an ist Herrnhut zu einer lebendigen Gemeine Jesu Christi worden.«[26] Tatsächlich wäre Herrnhut ohne die Erfahrung der Kraft des Evangeliums nie zu dem geworden, was es im Rahmen der Kirchengeschichte auszeichnete.[27] In der Folgezeit entstand ein »neues Modell gelebten Glaubens«,[28] wie es die evangelische Christenheit bis dahin noch nicht gesehen hatte.

»Asyl für die Geradheit und Wahrheit«: die Eigenart der Herrnhuter Ortsgemeinden

Die weltweiten Brüdergemeinorte stellten die Kristallisationspunkte brüderischen Lebens dar. Die »Dörfer des Heilandes«, wie Zinzendorf sie nennen konnte,[29] waren Lazarett und Aussendungsanstalt in einem. Alle Orte zeichneten sich durch ein ständiges Kommen und Gehen aus. Sie waren Missionsstationen – vergleichbar mit den großen Klöstern und Ordensburgen des Mittelalters. Der Graf verstand ihre Bewohner als

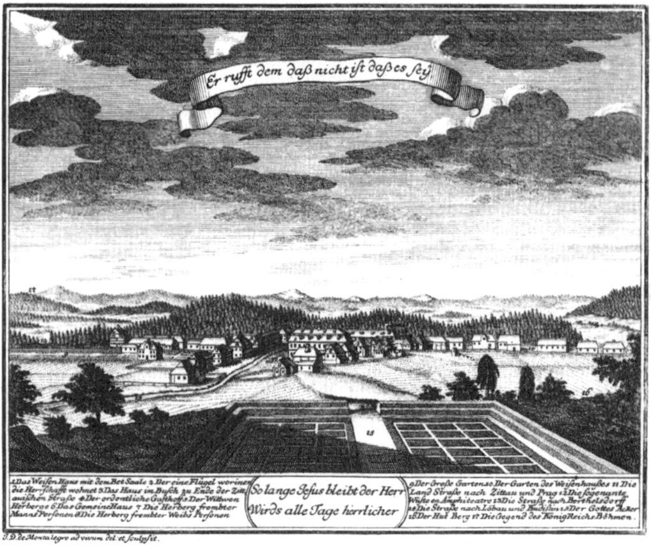

Ansicht von Herrnhut im 18. Jahrhundert
© Abbildung: Unitätsarchiv Herrnhut, UA, TS Mp.1.1

marschierende Kolonne des Heilandes. Darum sorgte er auch dafür, dass die Orte klein und beweglich blieben.

»Mein Zweck bei den Ortsgemeinen … war, ein Asyl für die Geradheit und Wahrheit zu schaffen, daß alles menschliche Elend erscheinen dürfte, wie es ist, und ein jedes seinen Jammer in ein treues Ohr ausschütten dürfte, ohne deswegen etwas zu befahren [=befürchten]. Manches andere Schöne und Selige, das herausgekommen ist, hat meine Erwartung übertroffen.«[30] Oder an anderer Stelle: »Und was ist eigentlich der Character eines Lehrers der alten, erneuerten Brüder=Kirche, wovon Jesus am Creutze Stifter ist?… die Mährische Kirche nicht für die Kirche halten, sondern nur für ein Ruhe=Plätzgen der unsichtbaren Gemeine, die alles durchsauren soll, Seelen zum Lamm laden, und alle Welt in den ewigen Hochzeit=Saal: Gasthöfe bauen auf allen Strassen, für die Fremdlinge der Erden; was aber ein geschenkt Handwerk hat, oder seine eigene Herberge, nur dahin zurechte weisen.«[31] Die Ortsgemeinen sollten »Ruhe=Plätzgen«

und »Gasthöfe«, »Asyle für die Geradheit und Wahrheit« sein. Missionare und Diaspora-Arbeiter, aber auch hilfesuchende Besucher kamen in diese Seelsorgezentren zur geistlichen und körperlichen Regeneration.

Die Brüdergemeinorte waren Stätten verbindlich gelebten Christseins, in denen die vielfältigsten Begabungen ihrer Bewohner freigesetzt wurden. Hautfarbe, Rassen- und Standesunterschiede wurden bedeutungslos angesichts der alle verbindenden und verpflichtenden Aufgabe, Menschen zu lieben und in die Nachfolge Jesu Christi zu rufen. Weil alle verfügbaren Kräfte diesem Ziel dienstbar gemacht wurden, entwickelte sich in den Dörfern ein einfacherer Lebensstil. Durch Zinzendorfs prägenden Einfluss wurde er jedoch in die ästhetischen Formen des Barock eingebettet.[32] Voraussetzung war, dass die Brüdergemeinorte auf eigenem Grund und Boden erbaut wurden. Herrnhut, das auf herrschaftlichem Rittergutsboden stand, hatte dadurch teil an den Vorzügen und Freiheiten, die dieser Boden besaß. So konnte es durch die herrschaftliche Gerichtsbarkeit und Kirchen-Collatur-Rechte des Grafen – z. B. das Recht, den Pfarrer zu berufen – in seinem besonderen Gemeinschaftsleben gedeckt und geschützt werden.[33] Von Anfang an gab es keine Leibeigenschaft, so dass sich die Gemeinorte zu Gewerbezentren mit freier Bürgerschaft entwickelten. »Herrnhut soll zu ewigen Zeiten von aller Dienstbarkeit, Leibeigenschaft usw. mit allen seinen statutenmässigen Einwohnern frei gesprochen sein …«[34] Die Herrnhuter betrieben gewöhnlich keine Landwirtschaft, weil es einem Handwerker viel eher als einem Bauern möglich war, sich im Dienst der Gemeine in die Mission senden zu lassen. Außerdem sollten sich die Ausgesandten nach dem Vorbild der Apostel an ihrer neuen Wirkungsstätte von der eigenen Berufsarbeit ernähren können.[35] Die weltweite Mission der Brüdergemeine hat sich nur als Mission von Handwerkern in diesem Umfang durchführen lassen.

In den Statuten hatte Alt-Herrnhut eine evangelische Sozialordnung bekommen, wie sie im Raum des Protestantismus beispiellos war.[36] Es sollte keinen Lebensbereich geben, der nicht als Dienst am Nächsten in die Lebensordnung der Gemeine einbezogen wurde.[37] Die gemeinsame göttliche Berufung gab den Herrnhutern die Kraft, die Statuten in den Alltag umzusetzen. Das Ergriffensein von der Liebe Jesu Christi führte zum geschwisterlichen Handeln aneinander.[38] In der Folge entstand in Herrnhut ein christlich-soziales Gemeinwesen, das auch das ganze Wirtschaftsleben mit einschloss. Als solches wurde es vorbildlich für alle Brüdergemeinorte.[39] Diese sozialethische Seite von Zinzendorfs Wirken zeigt ihn als Nachkomme eines regierungsgewohnten Geschlechts. Er hat in unterschiedlichen Zusammenhängen Entwürfe zum Aufbau eines christlich-sozialen Staates vorgelegt.[40] Auch sein Plan, für den dänischen König eine betont christliche Universität aufzubauen, gehörte in diese Reihe.[41]

»Ich statuiere kein Christsein ohne Gemeinschaft«: liturgisch orientierte Spiritualität

Die besondere Rolle der Losungen ergab sich nicht zuletzt aus der Tatsache, dass in der Brüdergemeine Christsein in Gemeinschaft gelebt wurde. Die Betonung der persönlichen Liebe zu Gott führte bei Zinzendorf nicht zu einer individualistischen, rein innerlichen Spiritualität.[42] Vielmehr entwickelte er eine ekklesiologisch ausgerichtete Frömmigkeit.[43] Der Graf war der Überzeugung, dass es kein Christsein ohne Gemeinschaft gibt.[44] Dabei war es für ihn selbstverständlich, dass alle Mitglieder der Gemeinde ihre Begabungen einbringen konnten. Dies schlug sich in einer für Herrnhut typischen Ämterordnung nieder. Neben dem Charisma des Pfarramts wurde eine Vielzahl weiterer Charismen wach. Die Gemeinde wurde nicht länger ausgehend vom monarchischen Pfarramt, sondern von unterschiedlichen charismatischen Ämtern her strukturiert. Geschlecht und soziale Stellung spielten bei der Ämterbesetzung eine untergeordnete Rolle.

Konkret wurde die gemeinschaftliche Orientierung der Spiritualität auch in den gottesdienstlichen Versammlungen: »Eine lebendige Gemeine muss sich alle Tage zusammen denken und reden und singen.«[45] Als die Brüdergemeine in den 1740er-Jahren kirchlich selbstständig wurde, erwuchs Zinzendorf zusammen mit einigen hervorragenden Gemeindegliedern die Möglichkeit, seine reiche liturgische Begabung ohne Rücksichtnahme auf staatskirchliche Ordnungen zu entfalten.[46] Neben dem Sonntagsgottesdienst gab es eine Vielzahl t*äglicher Versam*mlungen, Tagzeitengebete, dazu so genannte Singstunden, Liebesmahle und Abendmahlsfeiern, die den Alltag strukturierten.[47] Dabei spielten die Losungen eine wesentliche Rolle. Der Tag begann mit der Morgenandacht, zu der jeder kam, der sich freimachen konnte. Ein Bruder legte die für den Tag bestimmte Losung aus. Auf der Höhe des Tages fand das Mittagsgebet statt. Am Abend um 17.00 Uhr gab man den Arbeitstag in Gottes Hände zurück und dankte für das, was gelungen war. Etwas später am Abend fand die Singstunde statt, bis heute eine Besonderheit der Brüdergemeine, in der als Auslegung der Losung – als Liedpredigt – Strophen aus unterschiedlichen Liedern gesungen wurden. Der Graf schätzte die Singstunde besonders, weil er der Überzeugung war, dass die Wahrheiten der Schrift »durchgesungen« werden mussten, um im Herzen einzuwurzeln. Mit dem Nachtgebet wurde der Tag gegen 21.00 Uhr beschlossen.

Eine Besonderheit des liturgischen Lebens in der Brüdergemeine waren auch die Liebesmahle. Dabei saß die Gemeinde nach Gruppen, sog. Chören getrennt in den Versammlungssälen bei Tee und Gebäck zusammen; im Sommer boten die großen Gärten reichlich Platz für solche Zusammenkünfte. Zeugnisse von Besuchern und Missionaren, Gedichte und kurze Ansprachen wechselten einander ab. Auch hier spielte das Lesen und Auslegen der Losung eine Rolle. Barock und Rokoko waren festfreudige Zeitalter. Die großen Säle der erhaltenen Schlösser und die Werke barocker Künstler zeugen davon bis heute. Die Liebesmahle der Brüdergemeine waren als Alternative zu den weltlichen Feiern gedacht. Zinzendorf sprach von ihnen als dem Amüsement der Gemeine. Sie fanden vor allem am Sonnabend statt, aber auch an Geburtstagen von wichtigen Gemeindegliedern. Die Gemeinde versuchte mit ihren Liebesmahlen, die urchristlichen Agapen wiederzubeleben. Zu diesen gemeinsamen

Mahlzeiten war die frühe christliche Gemeinde zusammengekommen, um anschließend das eigentliche Abendmahl zu feiern (vgl. etwa 1. Kor 11,17 ff.).

Höhepunkt des Gemeindelebens war die Abendmahlsfeier. Vor der Austeilung von Brot und Wein wurde an besonderen Tagen die Fußwaschung nach dem Vorbild von Joh 13 vollzogen. Die Gemeindeglieder wuschen während dieser Feier einander die Füße. Darin sollte der Dienstcharakter ihrer Gemeinschaft zum Ausdruck kommen. Während der eigentlichen Abendmahlsfeier wurden Brot und Wein durch die Gottesdiensthelfer und -helferinnen an die Plätze der Teilnehmer gebracht. Wenn jeder das Brot erhalten hatte, nahmen es alle im gleichen Augenblick zu sich. Das gemeinsame Essen symbolisierte die Gleichheit und Gemeinschaft aller. Beim anschließenden Gebet legten sich alle lang gestreckt auf den Boden. Mit dieser Geste dankte die Gemeinde dem himmlischen Vater für das, was Jesus am Kreuz erlitten und den Menschen erworben hatte. Der ausgesprochene Dank ging über in schweigende Anbetung. Zinzendorf hat an dieser Stelle die fußfällige Verehrung Gottes, die altkirchliche Proskynese, wieder eingeführt.

Mitten in der Gesellschaft durch die Jahrhunderte: Eine Wirkungsgeschichte der Losungen

Will man der einzigartigen Erfolgsgeschichte der Losungen auf die Spur kommen, muss man zuallererst ihre Wirkungsgeschichte betrachten. Der entscheidende Grund für ihre Erfolgsgeschichte liegt nämlich darin, dass es zu allen Zeiten eine Vielzahl von Menschen gab, die Gott durch die Losungen unmittelbar ansprach. Mehr noch: im Laufe der Jahrhunderte nahm die Anzahl derjenigen kontinuierlich zu, die die Losungen als hilfreiches Wort für den Alltag erfuhren. Heute stammen die Leserinnen und Leser der Losungen aus allen Gesellschaftsschichten, leben in ganz unterschiedlichen Zusammenhängen und haben die vielfältigsten beruflichen Positionen inne.

Beim Anschauen der Berichte fallen zwei Dinge auf: Auch fromme Christen waren in ihrem Losungsgebrauch beeinflusst von den ihre Zeit und Gesellschaftsschicht bestimmenden Überzeugungen. Sicherlich wird es bei den heutigen Losungslesern nicht anders sein. Bemerkenswert ist außerdem, dass sich gerade in politischen Krisenzeiten wie Kriegen und Revolutionen und in persönlichen Schwierigkeiten wie Gefangenschaft und Krankheit die Berichte von Erfahrungen mit den Losungen häufen. Verständlich wird dies, wenn man sich an Martin Luthers Überzeugung erinnert: »Denn allein die Anfechtung lehrt aufs Wort merken« (nach der Vulgata-Übersetzung von Jes 28,19). Dabei zeigen besonders die Berichte über die Wirkung der Losungen in Krisenzeiten, dass Gott nicht nur zu einzelnen Menschen, sondern zu Gruppen und Gemeinden gesprochen hat.

Im folgenden Kapitel sollen zunächst einige Streiflichter aus der Geschichte der Losungen bis in die Gegenwart vorgestellt werden. Dem schließt sich eine kleine »Wirkungsgeschichte der

Losungen« durch die Jahrhunderte an, nachgezeichnet anhand von Erfahrungsberichten. Diese wird in weiteren Kapiteln exemplarisch vertieft, in denen dem individuell geprägten Losungsgebrauch von drei berühmten Losungslesern nachgegangen wird: Otto von Bismarck, Jochen Klepper und Dietrich Bonhoeffer.

Des Grafen liebstes Kind: Streiflichter aus der Geschichte der Losungen von ihren Ursprüngen bis in die Gegenwart

Als Zinzendorf am 3. Mai 1728 in der Singstunde der Herrnhuter Gemeine eine Losung für den nächsten Tag mitgab, hat sicher niemand damit gerechnet, dass damit eine atemberaubende Erfolgsgeschichte begann. Inzwischen sind die Losungen das mit Abstand am weitesten verbreitete Andachtsbuch des Protestantismus. Die erste Losung hat Zinzendorf selbst gedichtet: »Liebe hat ihn hergetrieben, Liebe riss ihn von dem Thron. Und ich sollte ihn nicht lieben?«[1] Von da an wurde es feste Sitte, dass ein oder mehrere Gemeindeglieder ein kurzes Wort aus der Bibel oder eine Liedzeile am Morgen in die damals 32 Häuser Herrnhuts brachten. Aus dieser ersten Phase der Losungen ist nur ein Fragment aus dem Jahr 1729 erhalten, das vom 1. Januar bis zum 14. September reicht.[2]

Die zweite Phase der Erfolgsgeschichte begann mit dem ersten gedruckten Losungsbuch von 1731, von Zinzendorf selbst zusammengestellt.[3]

Seitdem ist es bis heute in ununterbrochener Folge im Druck erschienen. Schon beim ersten gedruckten Büchlein findet sich die charakteristische Verbindung von Bibelwort und Liedvers. Bisweilen bildet allerdings auch ein Liedvers die Losung und ist eine Bibelstelle zum Nachschlagen beigefügt.

Waren die ersten Losungsausgaben noch allein für Herrnhut bestimmt, änderte sich das mit dem Jahr 1737. Damit befinden wir uns in der dritten Phase. Das Losungsbuch wuchs zusammen mit der Brüdergemeine in weltweite Dimensionen hinein.

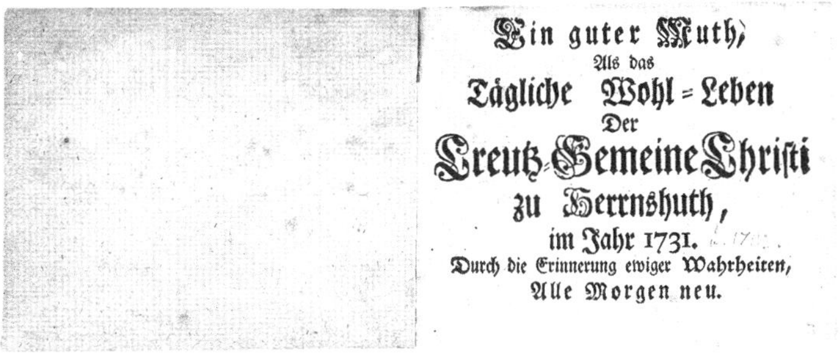

Ein guter Muth,
Als das
Tägliche Wohl = Leben
Der
Creutz-Gemeine Christi
zu Herrnshuth,
im Jahr 1731.
Durch die Erinnerung ewiger Wahrheiten,
Alle Morgen neu.

Erstes gedrucktes Losungsbuch 1731, © Universitätsarchiv Herrnhut

Es wurde zum unverzichtbaren Begleiter der Missionare und Diasporaarbeiter Herrnhuts.

Bereits im Jahr 1741 erschien die erste Übersetzung der Losungen – und zwar in französischer Sprache.[4] Auf diese Weise begann die vierte Phase der Erfolgsgeschichte der Losungen. Seit dieser Zeit sind immer mehr fremdsprachige Losungen dazu gekommen: zunächst 1743 eine englische und 1745 eine niederländische.

Die fünfte Phase der Losungen – ihr Durchbruch zum Bestseller – erfolgte allerdings erst nach dem Zweiten Weltkrieg. Angebahnt hatte sich die Entwicklung bereits in der zweiten Hälfte des 19. Jh., als die Verbreitung des Losungsbüchleins außerhalb der Brüdergemeine und ihrer Freundeskreise einsetzte. Aber erst durch die Erfahrungen der Bekennenden Kirche mit den Herrnhuter Losungen im Dritten Reich wurden sie zum Andachtsbuch des gesamten Protestantismus.[5] Heute erscheinen die Losungen in mehr als 50 Sprachen auf der ganzen Welt mit einer Gesamtauflage von über 1,7 Millionen. Im Schnitt kommt derzeit alle fünf Jahre eine neue Sprache dazu. In Deutschland sind auch Ausgaben für Blinde und Sehbehinderte, eine Losung für Gehörlose und seit neuestem ein Losungsbuch für Jugendliche und junge Erwachsene erhältlich.[6]

Die Gestalt der Losungen hat sich in der zurückliegenden Zeit immer wieder verändert. Besonders zur Zeit Zinzendorfs lässt sich eine große Experimentierfreude und Gestaltungsvielfalt erkennen. Bis einschließlich 1761 besorgte der Graf alle Losungsausgaben selbst. Er stellte die einzelnen Losungsworte aus sehr unterschiedlichen Spruchsammlungen zusammen. Sie wurden wohl auch nicht immer ausgelost. Es erschienen z. B. thematische Losungsjahrgänge: 1734 kamen die Losungen allein aus den Psalmen; 1736 enthielten sie nur Aussprüche Jesu. Seit 1741 ließ Zinzendorf parallel zum Losungsbuch wechselnde Text- und Lektionsbüchlein drucken, die mit den Losungen inhaltlich nichts zu tun hatten.[7] Die Textbüchlein umfassten z. B. einen Jahrgang lang »Lammes-Texte«, Bibelworte über Jesus Christus als Erlöser. Es gab auch einen Jahrgang mit Texten über den Heiligen Geist als Mutter und über die Dreieinigkeit als göttliche Familie. Diese Textbüchlein stellten im Grunde kleine theologische Abhandlungen dar, woraus später der Name »Lehrtext« entstand. Die heute übliche Einheit von Losung und Lehrtext entwickelte sich endgültig erst im 20. Jh. – parallel zu dem Vorgang, dass das Losungsbuch zu einem persönlichen, auch außerhalb der Brüdergemeine gelesenen Andachtsbuch wurde.

Erfahrungen mit den Losungen aus der Zinzendorfzeit

Die Wirkungsgeschichte der Losungen beginnt in der Zeit Zinzendorfs. Bereits 1762 klingt im Vorwort der vierbändigen »Sammlung der Loosungs- und Text-Büchlein der Brüder-Gemeine von 1731 bis 1761« ein Nachdenken über die Wirkungen der Losungen in den zurückliegenden drei Jahrzehnten an. Bei der Sammlung handelt es sich um die Gesamtausgabe aller Losungen und Textsammlungen, die Zinzendorf selbst bearbeitet und in den Druck gegeben hat. Allein die Tatsache, dass ein Verlangen nach einem Reprint der Losungsausgaben existierte, deutet auf deren Bedeutung für die Spiritualität der noch jungen Brüdergemeine hin: »Gewiß, der Heiland hat eine eigene Historie für sich, die der Chronica des Satans entgegen gestellt ist. Solte der Wunsch vieler Brüder, daß eine Historie der Loosungen mit ihrer genausten und deutlichsten Erfüllung gesamelt und gedrukt werden möchte, zu Stande kommen; was für eine Menge Wunder Gottes würde sich da zeigen, und wie wahr es sey, daß der Geist Gottes sein Spiel habe unter den Menschen-Kindern, die ihm von ganzem Herzen vertrauen.«[8] Die Losungen als Spielwiese des Geistes Gottes unter den Menschen – eine bemerkenswert unkonventionelle Vorstellung vom Wirken Gottes!

Allerdings beginnt die Wirkungsgeschichte der Losungen bereits, bevor sie gedruckt wurden, nämlich im Jahr 1728, als man in Herrnhut begann, am Morgen ein Losungswort in die Häuser zu tragen. Zwei Brüder, Melchior Nitschmann und Georg Schmidt, zogen in dieser Zeit heimlich nach Böhmen in ihre alte Heimat, um ihren Landsleuten von Herrnhut zu erzählen und sie zu ermutigen, ihren evangelischen Glauben nicht zu verleugnen. Sie wurden als evangelische »Buschprediger« entdeckt und gefangen genommen. Im Diarium der Herrnhuter Gemeinde heißt es: »Den 22. Mai 1728 kriegten wir Nachricht, dass unsere Brüder Nitschmann und Schmidt in Arrest gekommen wären. Die heutige Losung war: Wie groß wird meine Freude sein, wenn ich dir treu geblieben.«[9]

Am 27. November 1732 erhielt der Graf den Befehl, seine Güter in der Oberlausitz zu verkaufen. Da der öffentliche Haushalt Herrnhuts in dieser Zeit mehr oder weniger ganz von den durch die Güter erwirtschafteten Einnahmen abhing, kann man sich leicht vorstellen, wie beunruhigt die ganze Gemeinde über den Befehl war. Am selben Tag lautete die Losung: »Komm ich um, so komm ich um. Frisch gewagt ist halb gewonnen; wer das Kreuz fein hurtig faßt, ist der Plage bald entronnen, fühlet kaum die halbe Last.«[10]

Traditionelle evangelische Frömmigkeit ist Spruchfrömmigkeit. Das ist bis heute an den fettgedruckten Bibelversen der Lutherbibel erkennbar. Auch für die Brüdergemeine ist eine solche – im Vergleich zur Tradition noch intensivierte – Spruchfrömmigkeit charakteristisch. Die Losungen sind aus dieser Spruchfrömmigkeit herausgewachsen und haben sie ihrerseits verstärkt. Jedes Mitglied der Brüdergemeine hatte neben den Losungen für jede Lebenslage einen Bibelvers oder eine Liedstrophe zur Hand, die z. T. Zinzendorf selbst für den Geburtstag des betreffenden Gemeindegliedes gedichtet hatte.[11] Da auch für die einzelnen Gemeindegruppen, die Chöre, etwa am Jahresanfang oder zum jeweiligen Chorfest Verse ausgelost wurden, stärkten solche Verse das Gemeinschaftsgefühl. Persönliche Sprüche und Liedverse, Jahressprüche für die Gemeindegruppe, der man angehörte, und die jeweilige Tageslosung prägten zusammen die Herrnhuter Spruchfrömmigkeit.

Wie stark Mitglieder der Brüdergemeine, die im Dienst der Gemeine unterwegs waren, in ihren Entscheidungen durch Losungsworte beeinflusst wurden, belegt folgendes Beispiel: »Ein Bruder, der auf einer Pilger-Reise von einer tödlichen Krankheit angefallen wird und nichts anders, als seine Auflösung vor sich siehet, sieht aber in sein Loosungs-Büchlein und die Loosung heißt an dem Tage: Ich bin der Herr dein Arzt, wird darüber stutzig und denkt: es reimt sich doch nicht gut, daß ein Bruder auf der Pilgerschaft acht oder zehn Meilen von der Gemeine mit der Loosung heimgehe, braucht das nächste beste Mittel, das sich just zu seinen Umständen nicht [sic!] schikt, aber im Vertrauen auf das Wort des Herrn dieses Tages, wird eine Stunde darauf gesund, und reiset seinen Weg weiter, wird sichs nie bereden können, daß die Loosung nicht eine Weissagung, vielleicht für ihn ganz alleine, gewesen sey.«[12]

Auch die folgende kleine Erzählung wirft ein helles Licht auf die Bedeutung der Verse und Losungen für das Leben des einzelnen Gemeindemitglieds:[13] Christian Gottlieb Israel, ein gehbehinderter Weber aus Eibau bei Herrnhut, fuhr mit einem anderen Mitglied der Brüdergemeine nach Westindien, um dort Missionar zu werden. Unterwegs geriet das Schiff in Seenot. Der Gefährte wurde vor den Augen Christian Gottlieb Israels von den Wellen verschlungen. Dieser aber klammerte sich an eine Klippe, wo er, in beständiger Gefahr, von den Wellen hinweggespült zu werden, solange aushielt, bis man ihn rettete. Später hat ihn Zinzendorf gefragt: »Was hast du denn da auf der Klippe gemacht?« »Ich habe«, war die Antwort, »unseren Ledige-Brüder-Vers gesungen: Wo seid ihr, ihr Schüler der ewigen Gnade, ihr Kreuzgenossen unsers Herrn? Wo spüret man eure geheiligten

Neusalz an der Oder vor 1759, unbekannter Künstler,
© Universitätsarchiv Herrnhut UATS MP. 148.8

Pfade, daheime oder in der Fern? Ihr Mauerzerbrecher, wo sieht man euch? Die Felsen, die Löcher, die wilden Sträuch, die Inseln der Heiden, die tobenden Wellen sind eure von alters verordneten Stellen.«[14] Und es wäre ihm der Text des Tages »ganz hell« gewesen: »Wie schön leuchtet der Morgenstern, voll Gnad und Wahrheit von dem Herrn.«[15] Man kann sich gut vorstellen, wie Brüder-Vers und Tageslosung den Durchhaltewillen von Christian Gottlieb Israel gestärkt haben. Es muss ihm so vorgekommen sein, als wenn der Brüder-Vers unmittelbar für ihn gezogen worden sei. Daneben entfaltete die Tageslosung angesichts seiner hoffnungslosen Lage auf der umtosten Meeresklippe ihr Hoffnungspotenzial. Sie zündete unmittelbar in seiner Situation.

Im Siebenjährigen Krieg ist die niederschlesische Brüdergemeine Neusalz an der Oder zerstört worden.

Die Bewohner konnten nur ihr nacktes Leben retten. Auch der Pfarrer war am Leben geblieben, allerdings nur mit Hemd, Weste und Strümpfen bekleidet. Als einzigen Besitz hatte er das Losungsbuch retten können. Er schrieb: »Ich bin in meinem Leben noch nie so erleichtert gewesen, als da ich keine Sorge mehr zu haben brauchte, daß mir noch etwas könnte genommen werden. O wie glücklich ist ein Armer.«[16] So wichtig waren ihm die Losungen, dass er sie als einziges Buch rettete.

Gerade in den ersten Jahrzehnten nach der Entstehung Herrnhuts erwies sich die Losung immer wieder als ein Wort nicht nur für das einzelne Gemeindeglied, sondern auch für die Brüdergemeine insgesamt. Das wird in einer Rede Zinzendorfs in der Brüdergemeine Zeist bei Utrecht in Holland am 28. Mai 1746 deutlich, in der er über das Losungswort »Es ist nicht not, dass sie weggehen, gebt ihr ihnen zu essen« (Matthäus 14,16) sprach. »Er erinnert daran, daß dieses Wort eine bedeutsame Rolle in der Geschichte der Brüdergemeine Herrnhut gespielt hat, als im Jahre 1736 die Ausweisung der ganzen Gemeinde aus Sachsen drohte, alles dafür vorbereitet und schon der neue Platz für einen jeden bestimmt wurde, an den er nun zu gehen hätte; denn es sah allerdings bedrohlich aus! Mitten in die Vorbereitungen hinein kam dieses Losungswort, das – nebenbei bemerkt – zehn Jahre darauf am gleichen Tage wiederkehrte. Und Zinzendorf, der sich schon außerhalb Sachsen befand, hatte keine Kenntnis davon, wie glimpflich die behördliche Untersuchung in Herrnhut verlaufen war, so daß nun in Herrnhut selbst von seinen dort verbliebenen Mitarbeitern die Entscheidung fürs Bleiben gefällt wurde unter dem Eindruck dieses Losungswortes: ›Sie sollen nicht weggehen!‹«[17]

Aufforderung zur Umkehr: Die Losungen in den Befreiungskriegen gegen Napoleon zu Beginn des 19. Jh. und bei Johann Christoph Blumhardt (1805–1880)

Bemerkenswert ist, dass die Losungen während der Befreiungskriege sogar in der ersten Feldzeitung der preußischen Armee von 1813/14 erwähnt werden.[18] Dabei wird in der Zeitung hervorgehoben, dass »fast kein für die allgemeine Sache merkwürdiger Tag im Jahre 1813 ist, auf den nicht der Losungsvers ganz genau paßte.« Dann stellt die Feldzeitung eine Reihe von Beziehungen zwischen dem jeweiligen Losungswort und bestimmten Tagesereignissen her. Manche dieser Beziehungen erscheinen uns heute theologisch fragwürdig. Andere leuchten auch heute noch ein. Als am 2. Mai die französischen Truppen bei Groß-Görschen siegten, hieß die Losung, die die Feldzeitung den Soldaten zu beherzigen empfahl: »Ich will ihnen ein Herz geben, daß sie mich kennen sollen, daß ich der Herr sei« (Jer. 24,7). Ausdrücklich wies die Zeitung auch auf die Losung für den 23. Oktober hin, als der preußische König nach der gewonnenen Schlacht bei Leipzig nach Berlin zurückkehrte: »Suchet den Herrn, so werdet ihr leben« (Amos 5,6). Niederlagen und Siege werden weder als Beweis für Gottes Zorn noch als Beleg für dessen Wohlwollen interpretiert, sondern als Aufforderung, zu Gott umzukehren, das Leben auf ihn auszurichten.

Zu den bekannten Losungslesern im 19. Jh. gehörte Johann Christoph Blumhardt (1805–1880). Er wurde berühmt durch die mit den Dämonenaustreibungen der Gottliebin Dittus verbundene Erweckung seiner Gemeinde Möttlingen im Nordschwarzwald und später durch den Aufbau eines Seelsorge- und Heilungszentrums im württembergischen Bad Boll.[19] Durch Herrnhuter Sozietäten in Basel und Straßburg und vor allem durch die Gründung der Brüdergemeine Königsfeld im Schwarzwald 1806 gab es ein großes Netzwerk von Freunden Herrnhuts in Südwestdeutschland und den angrenzenden Gebieten in der Schweiz und im Elsass. Ihm gehörten auch Blumhardt und seine Frau an und hatten auf diese Weise Zugang zu den Herrnhuter Losungen. Ausdrücklich wird in Blumhardts Biografie von Friedrich Zündel vermerkt, dass Losung und Lehrtext des Hochzeitstages das Ehepaar Blumhardt auch später im Leben begleiteten: »Den Frommen geht das Licht auf in der Finsternis von dem Gnädigen, Barmherzigen und Gerechten« (Ps 112,4). »Alles was ihr bittet in eurem Gebet, glaubt nur, dass ihr's empfangen werdet, so wird es euch werden« (Mk 11,24).[20] Als Rückschläge während des Kampfes um die Befreiung der Gottliebin Dittus Blumhardt fast dazu brachten, ihre seelsorgerliche Begleitung zusätzlich zum Gebet mit »sympathetischen Mitteln« wie Amuletten fortzusetzen, war es nach seinem Bericht die Herrnhuter Losung, die ihn dazu bewog, nicht aufzugeben und weiterhin allein auf die Kraft des Gebetes zu vertrauen: »Unter solchen Gedanken las ich morgens die Losung der Brüdergemeinde jenes Tages, welche lautete: ›Seid ihr so unverständig? Im Geist habt ihr angefangen, wollt ihr's nun im Fleisch vollenden?‹ Gal. 3,3. Ich verstand den Wink und Gott sei gepriesen, der mich geleitet hat, stets bei den lauteren Waffen des Gebetes und Wortes Gottes zu bleiben!«[21] Blumhardt betrachtete das Losungswort als »Wink«, als unmittelbaren Hinweis Gottes an ihn persönlich, die bisherige Form der seelsorgerlichen Begleitung nicht aufzugeben. In der Folgezeit erfuhr er, dass die Konzentration auf das Gebet, worin sich sein Vertrauen auf Gottes Macht aussprach, die einzig wirksame Waffe im Kampf gegen die Dämonen war, die von der Gottliebin Dittus Besitz ergriffen hatten.

Die Losungen während des deutschen Kaiserreiches

Während der Kaiserzeit wurden die Losungen in Preußen von einer Reihe politisch führender Personen regelmäßig gelesen. Das hing zum einen damit zusammen, dass die Diasporaboten der Herrnhuter Brüdergemeine während der Wende vom 18. zum 19. Jh. einen maßgeblichen Einfluss auf die Entstehung der Erweckungsbewegung hatten,[22] und in der Folgezeit viele der von ihr erfassten adligen Familien ihre Kinder in den Schulen der Brüdergemeine erziehen ließen.[23] Zum anderen lagen die wirtschaftlich wichtigsten und bevölkerungsmäßig größten Brüdergemeinen in Preußen, vor allem in Schlesien. Selbst in Berlin gab es mitten im Regierungsviertel, in der Wilhelmstraße, ein brüderisches Gemeindehaus, das sich durch reges Leben auszeichnete. Der Auslöser für die besondere Bedeutung Preußens für die Brüdergemeine – aber auch umgekehrt der Brüdergemeine für den Protestantismus in Preußen – lag sowohl in der Unterstützung durch den Soldatenkönig als auch durch dessen Sohn Friedrich d.Gr. Hatte Friedrich Wilhelm I. die Brüdergemeine vor allem in institutioneller Hinsicht geførdert (so befürwortete er die Weihe Zinzendorfs zum Bischof der Brüder-Unität durch seinen Hofprediger Jablonski, einen Enkel von Jan Amos Comenius), ermöglichte Friedrich d. Gr. die Ansiedlung der Brüdergemeine vor allem aus wirtschaftlichen Gründen – allerdings um den Preis, dass sie in Preußen gegen den Willen Zinzendorfs Freikirche werden musste. Dennoch kann der religiöse Einfluss, den die Brüdergemeine in Preußen fortan ausübte, kaum überschätzt werden.

Im Hinblick auf Aussagen von Mitgliedern der führenden politischen Schicht zur Wirkung der Losungen fällt auf, dass sie aus der Perspektive von heute gelesen, ambivalent anmuten. Derart eng war die Verbindung von Protestantismus und Nationalismus in Preußen seit den Befreiungskriegen geworden, dass die Losungen häufig lediglich als Bestätigung für die eigenen politischen Ziele verstanden wurden. Auch Wilhelm I., der erste deutsche Kaiser, gehörte zu den regelmäßigen Losungslesern.[24] Die Direktion der Brüdergemeine ließ ihm jedes Jahr eine besonders schön gestaltete Losungsausgabe zukommen. In der Umgebung des Kaisers war es bekannt, dass er die Losungen las, was daran erkennbar ist, dass man sich mündlich und schriftlich mit ihm und untereinander über die Losungen und deren mutmaßliche Bedeutung austauschte. Ein erstes Beispiel für Wilhelms Verhältnis zur Losung stammt aus der Zeit, wo er noch nicht Kaiser war und als preußischer König mit dem Parlament um die Gelder für die von ihm geforderte Heeresreform stritt. Als die Auseinandersetzungen ihren Höhepunkt erreichten, hat Wilhelm ernsthaft erwogen, zugunsten seines Sohnes abzudanken. Allein die Berufung Bismarcks zum preußischen Ministerpräsidenten hat dies verhindert. In diese Zeit fiel – noch vor Bismarcks Berufung – der Geburtstag Wilhelms am 22. März 1862. An diesem Tag lautete die Losung:[25]

»Einem jeglichen dünket sein Weg recht zu sein; aber allein der Herr macht die Herzen gewiß. Spr. 21,2. Führe mich, o Herr, und leite – meinen Gang nach deinem Wort; – sei und bleibe du auch heute – mein Beschützer und mein Hort.

Die Gerechten werden leuchten wie die Sonne in ihres Vaters Reich. Matth. 13,43. Sein Licht wird sie bescheinen, sein Antlitz blicken an; – und Elend, Angst und Weinen wird da sein abgetan.«

Die Quellen berichten, dass eine Frau, deren Mann und Mutter kurz vorher gestorben waren und die dem Königshaus nahestand, den Kaiser in ihrem Glückwunschschreiben auf diese Losungsworte hingewiesen habe. Darauf antwortete ihr der König in einem Brief vom 23.3.1862: »Wie recht haben Sie gehabt, gnädige Frau, mir die schönen Zeilen zu schreiben mit den so bedeutungsvollen Stellen der Texte und des Psalms, denn sie sind so beruhigend und wohltuend für mich an dem gestrigen Tage nach den schweren Tagen, die ich soeben verlebte, und bei den schweren Zeiten, die mir noch bevorstehen mögen! Es waren die schönsten Wunschgedanken, die Sie mir senden konnten, und ich sehe Ihren Entschluß dazu wie eine Fügung durch den an, den wir beweinen! Somit also nehmen Sie meinen herzlichsten Dank hiermit an! Ich besitze die Texte selbst, gerade gestern aber versäumte ich, sie früh einzusehen, weil die Unruhe im Zimmer mit dem Aufstehen beginnt an einem solchen Tage. Aber beim Diner machte mich Prinzeß Karl auf die Texte aufmerksam und schrieb sie mir ab, so daß ich dieselben nun zweimal, aus demselben Gefühl entspringend, besitze. Schmerz und Trauer haben sich bei Ihnen rasch gefolgt, und meiner regen Teilnahme sind Sie gewiß gewesen. Der Allmächtige möge einem jeden auf seiner Lebensbahn gnädig sein! Ihr treuergebener Wilhelm.«[26]

Der Umgang mit der Geburtstagslosung vom 22.3.1862 lässt eine Gefahr des Losungsgebrauchs erkennen: Die Losung kann leicht als fromme Selbstbestätigung missverstanden, ja sogar missbraucht werden. Müsste nicht gerade angesichts von politischer Macht und Verantwortung eher das prophetische Potenzial der Bibel zur Geltung gebracht werden? Die großen Propheten des Alten Testaments sind allesamt Unheilspropheten gewesen. Sie hatten die Aufgabe, schonungslos das gesellschaftliche und politische Unrecht aufzudecken und zu geißeln. Eine Rettung gab es für Israel nur durch Gericht und Untergang hindurch. Aus dem Antwortbrief Wilhelms wird immerhin deutlich, dass er die Losungsworte weniger dazu benutzte, um die eigenen politischen Entscheidungen zu rechtfertigen. Vielmehr betonte er den tröstenden und ermutigenden, also den seelsorgerlichen Charakter der Losungsverse: »so beruhigend und wohltuend«.

1878 wurden kurz nacheinander, im Mai und Juni, als Reaktion auf die Verabschiedung der Ausnahmegesetze gegen die Sozialdemokratische Partei zwei Attentatsversuche auf den Kaiser verübt. Am 11. Mai 1878, als Hödels Attentatsversuch stattfand, lautete die Losung:

»Behüte mich wie einen Augapfel im Auge, beschirme mich unter dem Schatten deiner Flügel. Ps. 17,8. Sein Wort ist wahr, – denn all mein Haar – er selber hat gezählet – er hüt't und wacht, – stets für uns tracht't, – auf daß uns ja nichts fehlet.

Alle Gemeinen sollen erkennen, daß ich bin, der die Nieren und Herzen erforschet, und werde geben einem jeglichen unter euch nach euren Werken. Offenb. 2,23. Erforsche doch, erfahre, wie ich's meine, – durchsuche doch mein armes Herz – und prüfe mich, mein Gott, warum ich weine, – ob du wahrhaftig seist mein Schmerz.«[27]

Beim zweiten Attentatsversuch am 2. Juni 1878 durch Nobiling wurde der Kaiser schwer verwundet. An dem Tag lauteten die Losungsworte:

»Man spürte keinen Schaden an Daniel, denn er hatte seinem Gott vertrauet. Dan. 6,23. Kein Übel soll begegnen dir, – des Herren Hut ist gut dafür; – unter dem Schatten seiner Gnad' – bist du gesichert früh und spat.

Fürchtet euch nicht vor denen, die den Leib töten und die Seele nicht mögen töten. Matth. 10,28. Gib deinen Knechten – des Geistes Heldenmut, – damit sie möchten – ihr Leben, Leib und Blut – im Kämpfen gegen's Reich der Sünden – gerne verlieren, das heißet finden.«[28]

Man kann sich gut vorstellen, dass Wilhelm durch den ermutigenden Ton der Losungsverse in den für ihn schweren Wochen davor bewahrt wurde, sich von seinem Volk zurückzuziehen. Trotz der Attentate blieb er ein außergewöhnlich volkstümlicher Kaiser! Dass diese Verse die Losungsleser in Deutschland damals sehr berührten, steht außer Frage.

Wilhelm I. muss eine ausgesprochen bibelspruchorientierte Frömmigkeit gepflegt haben. Das zeigt sich neben den Losungen an der Innenraumgestaltung des Mausoleums der Königin Luise im Park von Schloss Charlottenburg in Berlin. Das Grab seiner Mutter besaß für Wilhelm eine besondere Bedeutung. Als er 1870 zum Frankreich-Feldzug aufbrach, verabschiedete er sich im Charlottenburger Mausoleum von ihr. Später bestimmte Kaiser Wilhelm den Ort zu seiner eigenen Ruhestätte und ließ dazu das Mausoleum umbauen. Dabei wurden die Innenwände mit von Wilhelm selbst ausgesuchten Bibelversen versehen, die Vergebung, Gericht und Ewiges Leben zum Thema haben. Gleichzeitig wurde das Mausoleum in eine Kirche verwandelt, die nicht länger in den aufgestellten Sarkophagen, sondern im Altar ihr Zentrum besaß. In die im Mausoleum zutage tretende Bibelspruchfrömmigkeit fügt sich die Bedeutung der Losungen für den Kaiser.

Auch der preußische Kriegsminister Albrecht Graf von Roon (1803–1879) las regelmäßig die Losungen.[29] Mehrfach werden die Losungen in Briefen an seine Frau erwähnt. Die folgenden Briefauszüge stammen aus der Zeit des Deutsch-Französischen Krieges 1870/71. Im Brief vom 3. August 1870, geschrieben in Mainz, heißt es: »Du wirst Dir ohnehin denken können, in welcher Richtung wir aufbrechen – natürlich keine andere als die nach Paris, wie weit wir aber in derselben vordringen, steht in Gottes Hand. In der heutigen Losung aber heißt es: ›Alle Pflanzen, die mein himmlischer Vater nicht gepflanzt hat, werden ausgereutet.‹ Ob der kleine Jongleur, der eine große Nation jetzt freventlich zum Kampf für seine erbärmlichen Familieninteressen hinausschickt [Napoleon III.], wohl zu diesen Pflanzen gehört, die nach Gottes Willen geschaffen sind?«[30] Es verwundert nicht, dass der Kriegsminister von der Gerechtigkeit des eigenen Krieges überzeugt ist. Für die damalige Zeit erstaunlich ist die Zurückhaltung, die Roon bei der Anwendung des Losungswortes auf den militärischen Gegner erkennen lässt.

Am 8. September schreibt der Graf an seine Frau anlässlich ihres Geburtstags, nachdem am 3. September ihr zweiter Sohn infolge einer kurz zuvor erlittenen Kriegsverwundung gestorben war: »… Im übrigen laß uns der heutigen Losung gedenken: ›Ich danke dir, Herr mein Gott, von ganzem Herzen und ehre deinen Namen ewiglich!‹ Ja, zu danken, von Herzen danken, statt zu klagen, dazu bin ich, namentlich am heutigen Tage, ganz besonders berufen. Unser Sohn ist uns vorausgegangen, was ist das weiter! Und sein Abgang aus dieser Zeitlichkeit war ehrenreich, seine Sterbestunde sanft und selig. – Gott sei mit Dir, an diesem schmerzensreichen Festtage ganz besonders, damit Du seine Nähe deutlich fühlen mögest. Er sei auch mit deinem alten Manne.«[31] Auch hier überrascht die Sensibilität, mit der der preußische Kriegsminister das Losungswort zunächst für sich und erst in einem zweiten Schritt für seine Frau auslegt und daraus Wegweisung für sein persönliches Verhalten ableitet. Zuallererst versteht er die Losung als Aufforderung, seiner Frau an ihrem Geburtstag für das Glück ihrer Ehe zu danken. Dann erst kommt er auf den Tod ihres Sohnes zu sprechen. Mit dem Hinweis auf das ewige Leben versucht er, seiner Frau Trost zuzusprechen: Ihr Sohn ist seinen Eltern nur vorausgegangen und erwartet sie in der Ewigkeit. Darüber vergisst Roon aber nicht die irdische Seite des Sterbens: Der Sohn hatte eine »sanfte und selige« Todesstunde, musste also nicht leiden. Überdies ist er »ehrenreich« gestorben – im damaligen Denken sicherlich ein großer Trost für seine Mutter. Roon blendet die natürliche Trauer um den Verlust des Sohnes nicht aus. Es wird für seine Frau ein schmerzensreicher Geburtstag werden. Er weist sie darauf hin, dass die entscheidende Hilfe in dieser Situation allein die Nähe Gottes ist, wobei er sich selber als dessen Nähe bedürftig zu erkennen gibt.

Mit dem Grafen Zeppelin gehörte einer der berühmtesten und populärsten Männer im Wilhelminischen Deutschland zu den Losungslesern.[32] Als der Erbauer des später sog. Zeppelins, des ersten großen deutschen Luftschiffs, am Morgen seines 70.Geburtstags, dem 8. Juli 1908, aus dem Fenster in den Hof seines Landgutes Giesberg schaute, las er einen Spruch, der in Silberbuchstaben an einer Eingangspforte aus Blumengewinden prangte. Es war die Herrnhuter Losung des Tages, die aus Jes 40,31 stammte: »Die auf den Herrn harren, kriegen neue Kraft, dass sie auffahren mit Flügeln wie Adler, dass sie laufen und nicht matt werden, dass sie wandeln und nicht müde werden.« Die Tochter Zeppelins hatte dafür gesorgt, dass dieser Spruch das erste war, was er an seinem Geburtstag sah. Kurze Zeit darauf, am 5. August 1908, wurde der Zeppelin »Deutschland« in Echterdingen durch eine Explosion vernichtet. Zehn Minuten früher, und Zeppelin, der sich zu diesem Zeitpunkt noch im Salon des Schiffes befunden hatte, wäre nicht zu retten gewesen. Die Losung des Unglückstags lautete: »Die Güte des Herrn ist's, dass wir nicht gar aus sind; seine Barmherzigkeit hat noch kein Ende« (Klgl 3,22).

Die Gefahr des Missbrauchs der Losungen zeigte sich am Ende der Kaiserzeit 1918 am deutlichsten bei General Ludendorff. Sein Verständnis der Losungsworte offenbart, dass sie für ihn ihr kritisches Potenzial vollständig eingebüßt haben und lediglich als Bestätigung seiner militärischen und politischen Entscheidungen und seines völkisch geprägten Glaubens fungierten. Während der letzten und entscheidenden Monate des Ersten Weltkriegs las General Ludendorff täglich die Losungen, die auf seinem Nachttisch lagen. Dabei unterschied er zwischen günstigen und ungünstigen Sprüchen. Hans-Walter Erbe schreibt dazu: »Je näher man sich aber die Sprüche ansieht, desto unheimlicher wird der Eindruck, daß hier ein frevelhaftes Spiel getrieben wird. Zunächst ist es deutlich, daß es sich bei den von Ludendorff zitierten Sprüchen nur um die alttestamentlichen Losungen handelt, und daß diese mehr nach ihrem allgemeinen Stimmungscharakter gefaßt werden oder ein Stichwort aus ihnen herausgegriffen wird. Entscheidend aber ist, daß sie durch eine ›weltliche Interpretation‹ in ihrem Sinn geradezu verkehrt werden. Das Volk, das dem Herrn heilig ist, das er sich zum Eigentum erwählt hat – nach der Losung vom 21. März 1918, dem Tag des Beginns der Frühjahrsoffensive – wird zum ›auserwählten‹ Volk, und dieses wird gleichgesetzt mit dem deutschen Volk, dessen Armee zur Offensive antritt. Die gleiche Umdeutung geschieht bei der Losung vom 9. Juni. Und wenn es am 9. April heißt: ›Der Herr wird König sein über alle Lande‹, so wird das als ein gutes Zeichen genommen für einen geplanten Angriff. Besonders befremdend aber ist es, wenn der Spruch vom 15. Juli als ungünstiges Orakel genommen wird. Wie soll man es anders verstehen, als daß Ludendorff an die Feindmächte und ihre Armeen denkt, wenn es hier heißt: ›Nach deiner großen Barmherzigkeit hast du es nicht gar aus mit ihnen gemacht noch sie verlassen?‹ (Nehemia 9,31). Dann ist diese große Barmherzigkeit also höchst bedauerlich … Damit befinden wir uns aber bereits mitten in der ›germanischen‹ Religion, wie sie später der Tannenbergbund vertrat, nur daß sie sich hier noch in Bibelsprüche kleidet. Und so bekommen Ludendorffs Worte ›Der gute Gott wird uns hoffentlich nicht verlassen‹ erst ihre wahre Bedeutung. Dabei bleibt es bestehen, daß Ludendorff über diese Dinge mit großem Ernst sprach, daß er sie echt meinte, und daß ihn die Besucher auch in diesem Sinne verstanden. Es muß einen erschütternden Eindruck gemacht haben, wenn der große Feldherr das zerrissene Büchlein aus der Lade zog. Und wenn er dabei sagte, daß er abergläubisch sei, so wollte er gerade damit andeuten, dass er sich zu dem schlichten, kindlichen Glauben eines im Grunde frommen Menschen bekenne … Wir haben hier das Beispiel eines beängstigenden Mißbrauchs der Losungen, und man braucht nicht erstaunt zu sein, wenn Ludendorff zum gehässigen Feind des Christentums geworden ist: sah er sich doch im militärischen Zusammenbruch von dem ›guten Gott‹ seiner Losungen so schmählich im Stich gelassen.«[33]

»Ein Geschenk aus dem Himmel.« Die Losungen im Zweiten Weltkrieg

Während des Zweiten Weltkriegs wurde es für die Brüdergemeine immer schwieriger, das Losungsbuch zu drucken. Dafür war zum einen die zunehmende Papierknappheit verantwortlich, zum anderen der Versuch des Propagandaministeriums unter Goebbels, den Druck kirchlicher Publikationen insgesamt zum Erliegen zu bringen. Erstaunlicherweise konnten die Losungen trotzdem während des ganzen Krieges erscheinen.

Nicht zuletzt war dies dem Engagement des berühmten schwedischen Forschers Sven Hedin (1865–1952) zu verdanken, der wie seine Eltern und Geschwister jahrzehntelang zu den Losungslesern gehörte. Er schreibt: »Im Frühling 1945 besuchte mich Pastor Erich Marx von der Herrnhuter Brüdergemeine in Stockholm, der von den Schwierigkeiten berichtete, die die Verwaltung in Herrnhut in Sachsen bei der Herausgabe ihres kleinen Andachtsbuches ›Tägliche Losungen und Lehrtexte‹ gehabt hatte, das in Schweden unter dem Namen ›Dagens Lösen‹ bekannt ist. Es galt der Herausgabe des zweihundertvierzehnten Jahrganges dieses Buches für 1944. Man hatte sich an Erzbischof Eidem und Erzbischof Kaila gewandt, die versprochen hatten, die Bitte im Propagandaministerium zu unterstützen. Nun wünschte man auch die Unterstützung eines Laien, der in Deutschland Verbindungen hatte, und wandte sich deshalb auch an mich. Schon seit 1902 war ich bei mehreren Gelegenheiten in den Missionsstationen der Herrnhuter im Himalaya mit der größten Gastfreundschaft empfangen worden, besonders in Leh und Poo an der Grenze zwischen Tibet und Indien, und ich versprach deshalb mit der größten Freude, eine Schlacht für meine Freunde zu schlagen. Am 20. März 1943 schrieb ich einen ausführlichen und orientierenden Brief an Goebbels und berichtete, daß das Büchlein seit 213 Jahren jährlich in Deutschland herausgekommen sei, und daß meine Eltern, Geschwister und ich seit 64 Jahren täglich die schwedische Ausgabe ›Dagens Lösen‹ gelesen hätten. In Asiens Wüsten und Bergen und in Stunden großer Gefahr hatte ich es stets gelesen und Kraft und Zuversicht daraus geschöpft. Die Brüdergemeine hoffe warm und innerlich, die Erlaubnis zu bekommen, das Buch auch im nächsten Jahr herausgeben zu dürfen. Ein Verbot wäre ein furchtbarer Schlag für Hunderttausende von Menschen, und diese Menschen gehörten zu den besten, ehrlichsten und treuesten im deutschen Reich. Auch ich würde ein Verbot tief bedauern, es würde mir vorkommen, als wenn ich einen Freund verlieren würde, den ich seit Jugend geliebt und geehrt hatte. Die Antwort ließ nicht lange auf sich warten. Anfang April wurde die Erlaubnis erteilt. Von Bischof Baudert in Herrnhut erhielt ich einen Brief voll rührender Dankbarkeit. Das Buch wurde in seiner gewohnten Auflage von 600.000 Exemplaren in einer größeren Druckerei in Berlin, die nicht ausgebombt war, verlegt.«[34] Hedin bezeugt gegenüber Goebbels, dass die Losungen während seiner Forschungsreisen in Indien und Tibet ihm Kraft und Zuversicht gegeben hätten. Besonders anschaulich ist seine Bezeichnung des Losungsbuches als geliebten und geehrten Freund, der ihn von Jugend auf durch das Leben begleitet habe.

Aus der Zeit des Zweiten Weltkriegs existieren in den Archiven von Herrnhut und Bad Boll eine Vielzahl von Erfahrungsberichten mit den Losungen. Darüber hinaus gibt es eine Reihe von Büchern, in denen entsprechende Berichte veröffentlicht wurden.

Der Hamburger Verleger Friedrich Wittig schreibt: »Während eines Urlaubes hatte ich in Hamburg in der Agentur des Rauhen Hauses, die Johannes P. Meyer allen Anfeindungen zum Trotz zäh als christliche Buchhandlung führte, das Losungsbuch für 1944 gekauft. Es begleitete mich das ganze Jahr über, in dem ich ziemlich hin und her geworfen wurde und mich schließlich bei der Fallschirmtruppe in Holland befand, die bei Hertogenbosch zusammengezogen worden war. Die Septembertage in der sauberen kleinen Stadt waren von Unruhe erfüllt, zu der das spätsommerliche Licht und der seidigblaue Himmel nicht recht paßten. Ich hatte meinen Unterstand im gelben Justizpalast am Stadtrand, von dessen Dach aus man weit ins flache Land mit seinen vielen Kirchtürmen in der Runde sah. Die Natur bot ein friedvolles Idyll, während die Menschen sich grimmig befehdeten. Am 16. September 1944 flog die Luftlande-Armada der Engländer und Amerikaner über uns hinweg und schloß uns ein. Wir waren gänzlich auf uns selbst angewiesen. Welches Kriegsgefangenenlager würde uns aufnehmen, wenn wir diese Tage lebend überstehen sollten? Am Morgen danach las ich als Losung einen Spruch aus 1. Mose 39, der für mich persönlich bestimmt zu sein schien: ›Joseph lag im Gefängnis; aber der Herr war mit ihm.‹ Ich erinnere mich deutlich, daß dieser Zuruf mir großen Trost brachte und Hoffnung einflößte. Tatsächlich durfte ich den Krieg, dessen Grimm ich noch einige Male zu spüren bekam, ohne Schaden überstehen. Was ich bei diesem Losungsruf in Hertogenbosch nicht ahnte, war die Bedeutung, die das Büchlein in der folgenden Zeit für mich gewinnen sollte.«[35] Friedrich Wittig hat später in seinem Hamburger Verlag viele Jahre lang das Losungsbuch herausgebracht. Der Bericht bezeugt, dass ein Losungswort in der lebensbedrohlichen Kriegssituation eine ungeahnte seelsorgerliche Kraft entfaltet. Es vermag den Leser zu trösten und ihm eine Hoffnung zu vermitteln, die einen neuen Horizont eröffnet und die Kraft verleiht, über die widrigen äußeren Umstände hinauszuschauen.

Eine noch größere Hoffnung bezeugt ein erschütternder Brief aus Stalingrad vom 24. Dezember 1942. Es war der letzte Brief eines seitdem vermissten Soldaten: »Es ist Heiliger Abend. Fast bin ich zu elend, um diesen Brief schreiben zu können (50 Gramm Brot und 20 Gramm Fleisch bekamen wir noch zu essen). Wir sind am Verhungern. Der Kreis wird enger, und bald wird kein Flugzeug mehr uns etwas bringen können und auch keine Post und keine Schwerverwundeten mehr mitnehmen. So traurig war noch kein Heiliger Abend in meinem Leben. Das einzige, was mich noch aufrecht hält und mir das Herz leichtgemacht hat, war die Losung, die ich heute las, sie hieß: Mein Vater und meine Mutter verlassen mich, aber der Herrn nimmt mich auf. Psalm 27. Das darf ich ganz persönlich als ein Geschenk am Heiligen Abend aus dem Himmel für mich nehmen.«[36] Der Soldat hatte erkannt, dass es für ihn aus dem Kessel von Stalingrad kein Entkommen mehr geben würde. Seine Lage war so aussichtslos, dass ihn nur noch die Aussicht auf das ewige Leben bei Gott zu trösten vermochte. Das Losungswort half ihm, die Situation ungeschminkt wahrzunehmen und durch die Hoffnung auf den Himmel nicht verzweifeln zu müssen.

»Als hörten wir die Engel Gottes auf- und niedersteigen.« Die Losungen in Hans Graf von Lehndorffs (1910–1987) »Ostpreußischem Tagebuch«

Hans Graf von Lehndorff war von Beruf Arzt und ist als ehemaliges Mitglied der Bekennenden Kirche, als Schriftsteller und als Liederdichter nach dem Zweiten Weltkrieg bekannt geworden. Er entstammte einer der vornehmsten Adelsfamilien Ostpreußens. In seinem berühmten »Ostpreußischen Tagebuch«[37] berichtet er an mehreren Stellen davon, welche Erfahrungen er mit den Losungen in den Jahren von 1945 bis 1947 gemacht hat. In dieser Zeit wurde das alte Ostpreußen durch Krieg, Naziterror, Eroberung und Besatzung durch die Rote Armee, Flucht und Vertreibung der deutschen Bevölkerung und die beginnende Besiedelung durch Russen und Polen ausgelöscht.

Es ist zunächst die Orientierungskraft der Losungen, die Lehndorff angesichts des Untergangs seiner ostpreußischen Heimat hervorhebt. Sie sind für ihn und seine Mitarbeiter das Einzige, was Halt gibt in der Sinnlosigkeit des Geschehens. »Als wir das Haus verlassen, ist es Nacht. Auf der Alten Pillauer Landstraße [in Königsberg] knirschen die Wagenräder [der Flüchtlingstrecks] in endloser Folge an uns vorüber. Dazwischen ziehen Menschen jeden Alters und Standes ihre Rodelschlitten oder schieben vollbepackte Kinderwagen vor sich her – niemand sieht zurück. Wer denkt da nicht an die Worte der Heiligen Schrift: ›Bittet, daß eure Flucht nicht im Winter geschehe.‹ Es ist ein Glück, die Losungen der Brüdergemeinde zur Hand zu haben, das einzige, woran man sich noch orientieren kann.«[38]

Daneben vermitteln die Losungen in der scheinbar sinnlosen, weil meist erfolglosen Krankenhausarbeit Sinn. Ein anderer Gedanke Lehndorffs ist ungewöhnlich: Die Losungen geben den Tagen im ewigen Einerlei der Plackerei ein Gesicht und bewahren so vor Stumpfheit und Resignation. »Und es vergeht kein Tag, an dem wir uns nicht zu irgendeiner Zeit zusammenfinden, um miteinander die Losungen zu lesen und den Bibeltext des Tages zu besprechen. Das gibt unserer oft scheinbar so trostlosen Arbeit [in einem Königsberger Lazarett] ihren Sinn und jedem Tage seine besondere Note.«[39]

Nachdem die Rote Armee Königsberg eingenommen hat und der Krieg zu Ende ist, notiert Lehndorf: »Denn wenn es über der vielfältigen Plage des Tages endlich dunkel geworden ist, atmen wir auf. In der Dämmerung, wenn gerade noch die Schrift zu erkennen ist, gehe ich zum Operationssaal. Dort warten schon meine beiden Helfer auf mich, und wir lesen miteinander das Bibelwort des Tages nach den Losungen, die ich immer noch bei mir habe. Ins Dunkle hinein fallen dann hier und da noch ein paar Worte, die man am Tage verschweigt, Ausdruck des Suchens nach dem Sinn dessen, was wir hier miteinander erleben. Ehe wir dann ins Nest kriechen, hat Erika meistens noch eine Überraschung für uns. Die Margarine ist gerade zurecht gekommen für den Tag, an dem es ihr gelungen ist, einem Russen Kartoffeln abzubetteln. Nun gibt es um Mitternacht für achtzehn Menschen Kartoffelsuppe, eine aufregende Sache im Stockdunkeln.«[40] Die Bibelworte haben die Kraft, den geschundenen Menschen den Mund zu öffnen, damit sie ihren ganzen Frust herauslassen können und frei werden, nach dem Sinn des furchtbaren Erlebens zu fragen.

Besonders eindrucksvoll ist folgende Erfahrung mit den Losungen: »Plötzlich zieht ein starkes Gewitter auf, und für Minuten sitzen wir unter einem Platzregen wie Noah in der Arche. Als der vorüber ist, kommt Doktora herein, um uns zu einem Besichtigungsgang durch das Haus [Deutsches Zentralkrankenhaus in Königsberg] abzuholen. Aber schon nach den ersten Schritten bis zu dem großen Fenster am Ende des Ganges müssen wir stehenbleiben, weil uns ein außergewöhnlicher Anblick gefangennimmt. Zu unseren Füßen liegt, vor dem schwarzen Hintergrund des abziehenden Gewitters, ein von der Abendsonne erhelltes, weißlich schimmerndes Trümmermeer. Mitten daraus erhebt sich, wie ein Ausrufungszeichen, der gespaltene Schloßturm. Darüber spannt sich, in einzigartiger Vollkommenheit, ein Regenbogen, wie das Himmelstor über der Wüste.

Wir halten uns bei den Händen. Als die Erscheinung zu verblassen beginnt, treten wir zurück und begeben uns unter dem Eindruck des Erlebten wortlos in unser Zimmer. ›Sollten wir nicht die Losungen miteinander lesen?‹ schlägt Doktora vor. Ich hole das Heft aus meinem Gepäck und reiche es ihr herüber. Sie schlägt den 13. Juni auf und liest: ›Gott sprach: Meinen Bogen habe ich in die Wolken gesetzt, der soll das Zeichen sein des Bundes zwischen mir und der Erde.‹ Der zweite Spruch bleibt aus. Wir blicken stumm zu Boden, und es ist uns, als hörten wir die Engel Gottes auf- und niedersteigen.«[41] Graf Lehndorff und seine Freunde erleben, wie sich der Vorhang, der die Erde von der unsichtbaren Welt Gottes trennt, in diesem Moment einen Spaltbreit vor ihnen öffnet. Natur und Losungsvers predigen gemeinsam das Evangelium. Sie verstummen vor Gottes Reden, weil sie erkennen: Trotz des Untergangs ihrer alten Welt wird Gott als Liebhaber des Lebens seiner Verheißung treu bleiben: »Solange die Erde steht, soll nicht aufhören Saat und Ernte, Frost und Hitze, Sommer und Winter, Tag und Nacht. Meinen Bogen habe ich in die Wolken gesetzt, der soll das Zeichen sein des Bundes zwischen mir und der Erde« (1. Mose 8,22; 9,13).

Nachdem die von ihm geliebte »Doktora« gestorben ist, liest Lehndorff auf der Flucht von Königsberg nach Januschau, dem Familiengut, am 19.10.1945 die Losung: »In Steinwurfnähe läuft eine Straße nach Westen an meinem Versteck vorüber. Der Regen hat aufgehört, es beginnt schon zu dunkeln. Ich hole mein Losungsheft hervor, um ein paar Stichworte hineinzuschreiben. Der Spruch des Tages heißt: ›Noah fand Gnade vor dem Herrn.‹ Unendlicher Trost, sich geborgen zu wissen.«[42] Für Lehndorff entfalten die Losungen ihr Trostpotenzial in dieser Situation dadurch, dass sie ihm Geborgenheit durch den Zuspruch der Gnade Gottes vermitteln.

Die letzte Erwähnung der Losungen stammt vom 28.1.1946. Immer noch auf der Flucht, geht es für Lehndorff inzwischen um Leben und Tod. Die Losungen stellen in dieser Situation ein unentbehrliches Überlebensmittel dar. »Gegen zehn Uhr nachts breche ich auf. Die alten Schuhe machen nicht mehr mit und werden in den Rücksack gesteckt. Ich ziehe ein Paar Filzstiefel an, die ich mir kürzlich selbst repariert habe. Ein Neues Testament und ein Losungsheft aus dem Jahre 1935, das mit Sonn- und Feiertagen genau auf das laufende Jahr paßt, darf ich mitnehmen.«[43]

Die Losungen in der Kriegsgefangenschaft

Wiederum existiert eine Fülle von Erfahrungen mit den Losungen von deutschen Soldaten während der Kriegsgefangenschaft im Gefolge des Zweiten Weltkriegs.

»Wie ein Morgenstern am Nachthimmel«
Helmut Gollwitzers (1908–1993) Erlebnisse mit den Losungen

Helmut Gollwitzer gehörte wie Lehndorff im Dritten Reich der Bekennenden Kirche an, war Nachfolger Martin Niemöllers als Pfarrer an der Annenkirche in Berlin-Dahlem und einer der beliebtesten evangelischen Prediger. Nach Krieg und Gefangenschaft wurde er Professor für Systematische Theologie in Bonn, später an der Freien Universität Berlin. Der folgende längere Auszug stammt aus Gollwitzers berühmt gewordenem autobiografischen Buch: »›… und führen, wohin du nicht willst.‹ Bericht einer Gefangenschaft«.[44] Der Autor berichtet darin über die ersten Tage unmittelbar nach dem Ende des Zweiten Weltkriegs, die er in der damaligen Tschechoslowakei erlebte. »Die *Losungen* der Herrnhuter Brüdergemeine waren in diesen Tagen von unglaublicher Gewalt. Am 9. Mai [1945], als sich jeder geordnete Zusammenhang auflöste und der Rückzug zur Flucht auf die Moldau zu wurde, begann es mit Ruf und Antwort: ›*Der Herr rief Samuel. Er aber antwortete: Siehe hier bin ich*‹ (1. Samuel 3,4). Um diese Antwort würde es sich also bei den künftigen Erlebnissen handeln. Das ›Dein bin ich. Was verfügst du zu tun mit mir?‹ in jenem Gebet der Theresa von Avila, das mich durch den Krieg begleitet hatte, wollte nun erst recht in ganzer Bereitstellung gesprochen sein …

So musste das Wort vom 13. Mai mich Ungerechten meinen: ›*Der Gerechte ist wie ein Baum, gepflanzt an den Wasserbächen, der seine Frucht bringt zu seiner Zeit, und seine Blätter verwelken nicht und was er macht, das gerät wohl*‹ (Ps. 1,3). Als wir dann nach Russland rollten und die Posten uns in aller russischer Gemütsruhe erklärten, wir kämen nie mehr zurück, sondern müßten unser Leben lang für den Wiederaufbau Russlands arbeiten, was uns gar nicht so unwahrscheinlich schien, – als also ein gänzlich allen Fruchtbringens beraubtes Leben vor uns zu liegen schien, da ging dieser Vers über mir auf wie der Morgenstern am Nachthimmel. Ich stellte mir in einer verdunkelten Stunde alle Worte der Bibel, die von ›Früchten‹ sprechen, zusammen und stieg an ihnen als den Stufen einer rettenden Leiter aus der finsteren Schlucht ins Helle und sah vor mir, in Sibirien oder wo es sonst sein wollte, die wahren Früchte liegen, die zu bringen mir keiner verwehren konnte. ›Wer in mir bleibt und ich in ihm, der bringt viele Frucht‹ (Joh. 15,5) – Indikativ: ›bringt‹! – das kann also keine andere Macht hindern, das geht zwangsläufig; fruchtlos und also sinnlos kann das Leben auch in Sibirien nicht werden; auch dort wird es Menschen geben und mit den Menschen Aufgaben und mit den Aufgaben Früchte und mit den Früchten Sinn. Zum Verzweifeln war also kein Anlaß, mochte das Herz auch um die Heimat und die Lieben trauern. Auch ihr Verlust konnte das Leben nicht sinnlos machen. Alles hing nur daran, ob es seine Wurzeln in den rechten ›Wasserbach‹ streckte. Und der würde nicht fehlen, der ging mit und floß auch dort, der war Gott selbst, gegenwärtig in seinem Wort, das nun so stark zu uns sprach. Nie versagendes, nie versiegendes lebendiges Wasser! Wo es speiste und tränkte, konnte man sich auch mit dem Hunger, auch mit dem Verhungern abfinden. Es entstand dadurch in jenen Tagen ein inneres Einverständnis, das trug und nicht zum Tier werden ließ; es gab Kraft, nicht nur an sich selbst zu denken, von dem Wenigen abzugeben, ohne zu berechnen, wie lange man selbst damit reichen könne. Auch das Verhungern konnte nirgend anderswo hinbringen als ins ewige Leben. Mehrmals noch habe ich in Zeiten, in denen nichts anderes als dies uns bevorzustehen schien, die wunderbare Kraft dieses inneren Einverständnisses gefühlt. Es waren die unmittelbarsten Gebetszeiten, – ohne Bitte um ein Stück Brot, nur noch um die Bereitschaft, sich zum Opfer zu bringen, wenn Er es forderte. Was zunächst göttlicher Zorn erschien, war ganz von Gnade durchtränkt, wie es dann die Losung vom 14.5. mit zusammenfassender Verheißung sagte: ›Ich habe mein Angesicht im Augenblick des Zorns ein wenig vor dir verborgen; aber mit ewiger Gnade will ich mich dein erbarmen, spricht der Herr, dein Erlöser‹ (Jes. 54,8).«

Für Gollwitzer besteht die herausragende Wirkung der Losungen während dieser Zeit darin, dass sie ihm ein »inneres Einverständnis« mit dem Schicksal der Kriegsgefangenschaft ermöglichen. Mit ihrer Hilfe erkennt er, dass er die Aufgabe hat, in der Gefangenschaft nicht anders als bisher als ein Berufener, als ein von Gott in Dienst Genommener, zu leben. Dadurch wird er fähig, sich nicht aufzugeben und in seinem Schicksal einen Sinn zu erkennen. Die Losung Ps 1,3 hilft ihm, die Lebensmöglichkeiten in der bevorstehenden sowjetischen Kriegsgefangenschaft mit neuen Augen zu sehen. Was zunächst wie ein lebenslanges Sklavendasein erschien, wird dadurch zum Bewährungsfeld des Glaubens. Der Losungsvers erfüllt ihn mit ungeahnter Hoffnung, wird ihm zum »Morgenstern am Nachthimmel«.

Die Losungen als Schule des Glaubens

Die gefangenen Soldaten entwickelten viel Phantasie im Umgang mit den Losungen. Fehlten gedruckte Losungbücher, so wurden sie selbst zusammengestellt oder ein vorhandenes Losungsbuch wurde in abgeänderter Form Jahre hindurch benutzt.[45]

Ein Soldat erinnerte sich an seine Kriegsgefangenschaft in Sibirien: »Als ich nun heute noch einmal mein Losungsbüchlein aus der Gefangenschaft durchblätterte – es sind allerdings nur noch lose Blätter – da las ich einige Randbemerkungen, die ich mir in schwerer Zeit gemacht hatte. Ich will Ihnen einige mitteilen: Ich kam in ein Wald- und Torflager. Am 8. September waren wir am Ende unserer Kraft und glaubten nicht, dass wir es noch einige Tage aushalten würden. An diesem Tage war die Losung Psalm 86,15: ›Du, Herr, Gott, bist barmherzig und gnädig, geduldig und von großer Güte und Treue.‹ Am Abend beim Heimgehen ins Lager freuten wir uns auf die Losung des nächsten Tages: ›Die Tage deines Leides sollen ein Ende haben‹ (Jes. 60,20). Und diese Verheißung erfüllte sich so wörtlich, daß wir an diesem Tage beide aus dem Sumpf und Wald herauskamen und in einem erträglicheren Lager leben konnten. Unser Herz war an diesem Abend voll Lob und Dank gegen den treuen Gott, der seine Verheißungen wahrgemacht hatte.«[46] Auch dieser Kriegsgefangene bezeugte, dass die Losungen ihm Kraft und Mut verliehen hätten, sich nicht aufzugeben, sondern im Vertrauen auf Gott weiterzuhoffen. Die buchstäblich in Erfüllung gegangene Verheißung eines Losungswortes war sicherlich eine ganz besondere Erfahrung und Stärkung des Glaubens an einen barmherzigen und gnädigen Gott.

Bei einem Soldaten in französischer Kriegsgefangenschaft bewirkten Losungen und Bibeltexte eine Vertiefung des Glaubens. Indem er kraftlos und einsam war, erfuhr er, was es bedeutet, dass Gott dem Menschen gnädig ist. »Eines Abends stand ich auch todmüde vor dem Bett und eine innere Mahnung trieb mich, doch noch die angegebene Bibelstelle zu lesen. Es war hingewiesen auf 2. Kor. 5,17–21, und das Wort: ›Gott war in Christo und versöhnte die Welt mit ihm selber …‹ konnte durch Gottes Güte Wunderbares wirken, und bis heute ist dieses Wort meines Herzens Freude und Trost. Ja, in der Einsamkeit jener Jahre waren die Losungen ein Werkzeug in Gottes Hand, einen Menschen tiefer zu führen und erleben zu lassen, was Gnade ist.«[47]

»Nobelpreis für Theologie.« Die Losungen nach dem Zweiten Weltkrieg in DDR und BRD

In Krisenzeiten wie Krieg und Kriegsgefangenschaft entfalten die Losungen ihre Wirkung in besonderer Weise. Aber auch in der Nachkriegszeit sprachen sie Menschen diesseits und jenseits der Mauer an. In den 1970er Jahren veröffentlichte die Direktion der Brüdergemeine in Herrnhut in der DDR folgenden Bericht einer Losungsleserin aus dem Krankenhaus: »Vier Tage lag ich mit starken Schmerzen im Zimmer allein. Gottes Wort, welches mir mein Mann bei seinem täglichen Besuch vorlas, war meine einzige Zuflucht und mein Halt. Auch betete er inbrünstig für mich. Einmal in diesen Tagen war die Losung: ›Wo der Herr nicht bei uns wäre, gingen die Wasser allzuhoch über unsere Seele.‹ Das spürte ich auch. Am vierten Tag kam eine Leidensgefährtin mit ins Zimmer. Allerlei Gedanken jagten mir durch den Kopf. Meine Bibel, meine Losung lagen auf dem Nachttisch. Am Abend, als sie sich ins Bett legte, fragte sie mich, sie ist eine waschechte Erzgebirglerin: ›Was homse dä do ze lasen?‹ (›Was haben Sie denn da zu lesen?‹) Ich sagte: ›Ach, das ist meine Losung.‹ Mit der Bibel gleich herauszurücken, war ich etwas feige. Da kam es erfreut aus dem anderen Bette heraus: ›De Lusing, die hob iech ah miet.‹ (›Die Losung habe ich auch mit.‹) Da war das Eis gebrochen. Wir verstanden uns. Sie ist Methodistin, ich gehöre zur Landeskirche. Nun las sie mir treu die Losung und Bibeltext vor, weil ich noch zu schwach war. Auch beteten wir zusammen, später sang ich unsre schönen Lieder, und jetzt sind wir beide auf dem besten Wege zur Genesung. Unser Krankenzimmer war durchdrungen von der Sonne und Liebe unseres Herrn Jesu Christi, an den wir beide glauben und ihn liebhaben.«[48] Die Losungen erweisen sich in diesem Beispiel als gemeinschaftsstiftend. Über konfessionelle Grenzen hinweg entfalten sie ihre ökumenische Kraft. Einerseits fungieren sie als Erkennungshilfe für den gemeinsamen christlichen Glauben – ein gerade in der atheistisch geprägten DDR nicht zu unterschätzender Wirkungsfaktor – und andererseits als Mittel, um dieser Glaubensgemeinschaft täglich neu Ausdruck zu verleihen.

Das Losungsbuch konnte, abgesehen von den ersten Jahren nach dem Krieg, während der gesamten DDR-Zeit in einer Höhe von 345 000 Exemplaren erscheinen.[49] Auch wenn es, wie alle Druckerzeugnisse in der DDR, der staatlichen Zensur unterworfen war, ist es immer publiziert worden, ohne dass Veränderungen am eingereichten Manuskript vorgenommen werden mussten: abgesehen vom Austausch von Dritttexten, wenn dessen Autor unerwünscht war, dem gelegentlichen Streichen von Halbsätzen oder der Verbesserung missverständlicher Ausdrücke.

Gerade in den Jahren unmittelbar vor und nach dem Fall der Mauer erlebten viele Menschen – aus beiden Teilen Deutschlands – die Losungen als Zeitansage. Dabei kam im Umfeld des 13.8.1987, dem Tag der Wiederkehr des Mauerbaus 1961, das Wort »Mauer« auffallend häufig vor. Am 13.8. selbst hieß die Losung: »Machet die Tore weit und die Türen in der Welt hoch« (Ps. 24,7). Die Losung des nächsten Tages, des 14.8., lautete: »Ich suchte unter ihnen, ob jemand eine Mauer ziehen würde« (Hes 22,30). Am 17.8. aber war die Losung besonders sprechend: »Mit meinem Gott kann ich über Mauern springen« (Ps 18,30). Bereits nach dem Mauerbau 1961 war das Psalmwort immer wieder als Losung erschienen. In der damals noch gebräuchlichen revidierten Lutherbibel lautete es noch anzüglicher: »Mit meinem Gott kann ich über *die* Mauer springen.«

Die beiden Losungsworte vom 2.7.1990, unmittelbar nach der Währungsunion zwischen BRD und DDR, haben es sogar bis in die weltliche Presse geschafft: »Der Herr macht arm und macht reich« (1. Sam 2,7). »Wem viel gegeben ist, bei dem wird man viel suchen, und wem viel anvertraut ist, von dem wird man umso mehr fordern« (Lk 12,48). Besonderes Erstaunen rief dabei die Tatsache hervor, dass die Losungen drei Jahre vor dem Erscheinen ausgelost wurden, also zu einem Zeitpunkt, an dem niemand Mauerfall oder Währungsunion auch nur hätte ahnen können.

Maria Jepsen, damals Bischöfin der Nordelbischen Evangelisch-Lutherischen Kirche, beschrieb 2010 ihre eigene Erfahrung mit der Wirkkraft der Losungen so: »Gäbe es einen Nobelpreis für Theologie, Nikolaus Graf von Zinzendorf hätte ihn verdient, jedes Jahr wieder: für die Erfindung der Losungshefte, dieser kleinen meist blau eingebundenen Diener der Bibel. Was mich heute daran zusätzlich sehr erfreut, ist, daß er dabei das Alte Testament nicht, wie so viele andere, stiefmütterlich behandelte, sondern ihm Tag für Tag genauso viel Raum gab wie dem Neuen. Und daß ich täglich nun auch die Losungen im Urtext auf Hebräisch und Griechisch lesen kann, macht mein Glück über seine Erfindung vollkommen.«[50] Maria Jepsen hebt die theologischen Wirkungen der Losungen hervor: Sie erlebt sie als Diener der Bibel, d. h. die Losungen sind kein Selbstzweck, sondern wollen zum Lesen der ganzen Bibel hinführen. Das tun sie nicht zuletzt dadurch, dass sie ihre Leserinnen und Leser für die Wichtigkeit des Alten Testaments sensibilisieren. Die Losungsausgabe in den Ursprachen hat in den Augen der Bischöfin den zusätzlichen Vorteil, auf diese Weise täglich die Bibel in den Originalsprachen lesen zu können.

»Da muss man ja vergnügt sein«: Bismarck (1815–1898) als Losungsleser

Bismarck © akg-images 1199

Als junger Theologiestudent besichtigte ich das Bismarckmuseum in Friedrichsruh bei Hamburg. Seit einigen Jahren gehörte ich zu den Losungslesern, so dass mir eine Reihe von Herrnhuter Losungsbüchern ins Auge fiel, die aufgeschlagen in Glasvitrinen lagen. Schon damals bemerkte ich, dass der Reichskanzler die »durchschossene«, also mit Schreibpapier versehene Ausgabe der Losungen als Notizkalender und Tagebuch benutzt und persönliche, z. T. sein Amt betreffende Eintragungen darin gemacht hat. Mein Interesse war geweckt. Aber es sollte mehrere Jahrzehnte dauern, bevor ich 2013 das Bismarck-Archiv in Friedrichsruh besuchte, um Bismarcks Losungsbücher im Zusammenhang durchzuschauen.

Annäherungen an die Person Otto von Bismarcks

Bismarck ist für viele Menschen heute ein Fremder. Wenn überhaupt, wissen die meisten höchstens, dass er das Deutsche Reich nach Kriegen gegen Dänemark, Österreich und Frankreich 1871 einte und der erste Reichskanzler war. Manchen wird noch bekannt sein, dass die deutsche Sozialgesetzgebung auf ihn zurückgeht. Kaum jemand kennt den Menschen Bismarck.

Erst recht gilt das im Hinblick auf sein Christsein. Dass er jahrzehntelang regelmäßig die Losungen gelesen hat, ist auch kirchlich und theologisch Interessierten unbekannt. Tatsächlich war er der wohl prominenteste Losungsleser überhaupt. Es ist ein Glücksfall, dass fast sämtliche Losungsbücher des Reichskanzlers aus den Jahren zwischen 1864 und 1892 erhalten geblieben sind. Sie befinden sich heute im Archiv der Otto-von-Bismarck-Stiftung in Friedrichsruh bei Hamburg.[1] Bisher sind sie nur ein einziges Mal wissenschaftlich untersucht worden. Arnold Oskar Meyer hat seine Ergebnisse u.a. in dem Büchlein: »Bismarcks Glaube. Nach neuen Quellen aus dem Familienarchiv« veröffentlicht. Neben eigenen Archivarbeiten in Friedrichsruh verdanke ich diesem Buch wesentliche Einsichten, auch wenn ich dem Verfasser in seinen theologischen Urteilen nicht immer zu folgen vermag. Das liegt nicht zuletzt daran, dass seit seiner Publikation mehr als 80 Jahre vergangen sind und sich Perspektiven und Fragestellungen im Hinblick auf die Person und das Werk Bismarcks seitdem tiefgreifend verändert haben.

Den Losungsgebrauch des Reichskanzlers näher zu betrachten, lohnt sich aus verschiedenen Gründen: Da es sich bei den Bemerkungen und Anstreichungen um spontane Reaktionen handelt und Bismarck nicht damit gerechnet hat, dass sie jemals wissenschaftlich untersucht würden, erlauben sie einen unmittelbaren Einblick in seine Frömmigkeit. Dass die Losungsbücher keine erschöpfende Darstellung von Bismarcks Glauben ermöglichen, versteht sich von selbst. Dazu sind die Anmerkungen zu kurz und die Anstreichungen zu interpretationsoffen. Weil Bismarck die Losungsbücher als Notizbücher für sein Dienst- und Privatleben nutzte, enthalten sie eine Fülle von nicht-theologischen Anmerkungen. Dazu gehören Termine, Besucher, Naturbeobachtungen, zudem Notizen über Familienangehörige, das gesundheitliche Wohlbefinden von ihm und seiner Familie, Reiseorte und Tiere. Insofern stellen sie auch eine Quelle von Einsichten in Bismarcks Persönlichkeit und Biografie dar.

Bismarcks Hinwendung zum persönlichen Gottesglauben

Der Grund für Bismarcks lebenslangen Losungsgebrauch liegt in seiner Hinwendung zum persönlichen Gottesglauben. 1839 übernahm er – nach Referendariat und Militärdienst – die Verwaltung des in Hinterpommern gelegenen Familienguts Kniephof. In dieser Zeit, in der er beruflich und menschlich unausgefüllt war, gewann er Anschluss an Kreise des pommerschen pietistischen Adels. Dieser war von der Erweckungsbewegung an der Wende vom 18. zum 19. Jh. geprägt worden – zum Teil durch Herrnhuter Diasporaboten.[2] Den pommerschen Freunden verdankte Bismarck nicht nur seinen Glauben, sondern durch sie machte er auch Bekanntschaft mit dem Losungsbuch. Spätestens nach seiner Ernennung zum preußischen Ministerpräsidenten sollte es ihn täglich begleiten.

In Bismarcks Glauben findet sich eine Reihe von Merkmalen des von der Erweckungsbewegung geprägten Christseins wieder. Die Frömmigkeit dieser Bewegung hatte viele Gemeinsamkeiten mit der des älteren Pietismus des 17. und 18. Jh. Dazu gehörte die Betonung der individuellen Frömmigkeit, von Buße und Bekehrung, die Ausrichtung des Glaubens auf Jesus Christus, die Wichtigkeit der Bibel und die praktisch-ethische

Orientierung der Frömmigkeit. Daneben bestanden aber auch gravierende Unterschiede.[3] So hatte sich gegenüber dem fortschrittlichen, der Frühaufklärung verwandten älteren Pietismus eine Umkehrung ergeben: Die Erweckungsbewegung war politisch konservativ, wozu nicht zuletzt der Kampf gegen die napoleonische Fremdherrschaft und gegen die mit ihr identifizierten Ideen der Französischen Revolution beigetragen hatte. Während viele führende Vertreter des älteren Pietismus leitende Ämter in der Kirche bekleidet hatten, geriet die Erweckungsbewegung in eine starke Distanz zur verfassten Kirche.

Für Bismarcks Bekehrung wurde die Begegnung mit Marie von Thadden-Trieglaff, der Verlobten und späteren Frau seines früheren Mitschülers Moritz von Blanckenburg, entscheidend. Offensichtlich fühlte er sich von der frommen und gleichzeitig lebensoffenen Frau in mehrfacher Hinsicht, auch erotisch, angezogen.[4] Ihr frühes Sterben wurde nicht nur zum Auslöser für seine Hinwendung zu einem persönlichen Gottesglauben, sondern auch für die von ihr noch angebahnte Heirat mit Johanna von Puttkamer, der besten Freundin Maries.

Die beiden entscheidenden Dokumente für Bismarcks Bekehrung sind der Werbebrief an seinen zukünftigen Schwiegervater Heinrich von Puttkamer, um den 21.12.1846 verfasst, und ein Brief an seinen Bruder Bernhard vom 31.1.1847.[5] Es kann hier nicht darum gehen, die beiden Briefe erschöpfend zu interpretieren.[6] Dass der Brief an den Schwiegervater zugleich ein Meisterwerk der Diplomatie darstellt, ist häufig hervorgehoben worden und soll nicht bestritten werden. Von einem diplomatischen Talent wie Bismarck ist das nicht anders zu erwarten gewesen, was aber nicht gegen die Wahrheit des Geschriebenen sprechen muss. Ich zitiere und interpretiere im Folgenden diejenigen Passagen, die das besondere Profil von Bismarcks persönlichem Glauben deutlich werden lassen.

»Nach einem unregelmäßig besuchten und unverstandenen Religionsunterricht, hatte ich bei meiner Einsegnung durch Schleiermacher, an meinem 16ten Geburtstage, keinen andern Glauben, als einen nackten Deismus, der nicht lange ohne pantheistische Beimischungen blieb. Es war ungefähr um diese Zeit, daß ich, nicht aus Gleichgültigkeit, sondern als Folge reiflicher Überlegung aufhörte, jeden Abend, wie ich von Kindheit her gewohnt gewesen war, zu beten, weil mir das Gebet mit meiner Ansicht von dem Wesen Gottes in Widerspruch zu stehn schien, indem ich mir sagte, daß entweder Gott selbst, nach seiner Allgegenwart, Alles, also auch jeden meiner Gedanken und Willen, hervorbringe, und so gewissermaßen durch mich zu Sich Selbst bete, oder daß, wenn mein Wille ein von dem Gottes unabhängiger sei, es eine Vermessenheit enthalte, und einen Zweifel an der Unwandelbarkeit, also auch an der Vollkommenheit, des göttlichen Rathschlusses, wenn man glaube, durch menschliche Bitten darauf Einfluß zu üben. …«[7] Bismarck bekennt hier, dass er seit seinem 16. Lebensjahr einen deistischen Glauben mit pantheistischen Anteilen vertrat. Marie von Blanckenburg berichtet, dass er das auch in der Öffentlichkeit in außergewöhnlich klarer Weise tat: »Ich habe noch nie Jemanden seinen Unglauben oder vielmehr Pantheismus so frei und klar auseinandersetzen hören …«[8] Gott hat sich nach dieser Vorstellung nach der Erschaffung der Welt wie ein Uhrmacher aus ihr zurückgezogen und sie ihrem Schicksal überlassen. Mit den ihr eingestifteten Naturgesetzen ist ihr Weg vorgezeichnet. Ein unmittelbares Eingreifen Gottes in Natur und Geschichte ist unmöglich. Wie der Deismus kennt auch der Pantheismus keinen persönlichen Gott: Gott und Natur sind identisch. Für Bismarck war die logische Konsequenz seines Deismus mit »pantheistischen Beimischungen«, das Gebet aufzugeben.

Ohne aber einem persönlichen Gott gegenüber für das eigene Handeln verantwortlich zu sein und einmal Rechenschaft ablegen zu müssen, fühlte er sich frei, zu tun, was ihm beliebte. Als einzige Grenze für das eigene Handeln erkannte er in der Folgezeit die Rechte anderer an. »So, mit keinem andern Zügel, als etwa dem der gesellschaftlich conventionellen Rücksichten, stürzte ich mich blind in das Leben hinein, gerieth, bald verführt, bald Verführer, in schlechte Gesellschaften jeder Art, und hielt, auch in den bewußtesten Augenblicken, alle Sünden für erlaubt, sobald sie mir die Rechte Andrer, nach ihrer laxesten Auslegung, nicht zu beeinträchtigen schienen.«[9]

Im Werbebrief heißt es weiter: »Etwa vor 4 Jahren kam ich, seit meiner Schulzeit zuerst wieder, in nähere Berührung mit Moritz Blanckenburg, und fand an ihm, was ich bis dahin im Leben nicht gehabt hatte, einen Freund; aber der warme Eifer seiner Liebe suchte vergeblich mir durch Überredung und Disputation das zu geben, was mir fehlte, den Glauben. Durch Moritz wurde ich indeß mit dem Triglafer Hause und dessen weiterem Kreise bekannt, und fand darin Leute, vor denen ich mich schämte, dass ich mit der dürftigen Leuchte meines Verstandes Dinge hatte untersuchen wollen, welche so überlegne Geister mit kindlichem Glauben für wahr und heilig annahmen. Ich sah, daß die Angehörigen dieses Kreises, in ihren äußern Werken, fast durchgehends Vorbilder dessen waren, was ich zu sein wünschte. Daß Zuversicht und Friede bei ihnen wohnte, war mir nicht überraschend; denn daß diese Begleiter des Glaubens seien, hatte ich nie bezweifelt. Aber der Glaube läßt sich nicht geben und nehmen, und ich meinte in Ergebung abwarten zu müssen, ob er mir werden würde. Ich fühlte mich bald heimisch in seinem Kreise, und bei Moritz und seiner Frau, die mir theuer wurde, wie je eine Schwester ihrem Bruder, empfand ich ein Wohlsein, wie es mir bisher fremd gewesen war, ein Familienleben, das mich mit einschloß, fast eine Heimat.«[10]

Anstoß für ein Umdenken wurden für Bismarck weniger die – ziemlich aufdringlichen – Bekehrungsversuche Moritz von Blanckenburgs, die lediglich auf der Ebene des Verstandes erfolgten.[11] Was ihn beeindruckte, war zum einen das gelebte Glaubensvorbild der pietistischen Adligen im Umfeld des Hauses von Thadden-Trieglaff. Sie hatten offensichtlich durch den Glauben das gefunden, wonach er sich vergeblich sehnte: »Zuversicht und Friede«. Bismarck war sich im Klaren darüber, wie er ausdrücklich schreibt, dass gerade diese Eigenschaften nicht mittels des Verstandes erreichbar waren. Zum anderen war es das Gefühl des Angekommenseins, des Heimischseins bei Moritz und Marie von Blanckenburg, das ihn berührte. Bismarck verschweigt nicht, dass Marie dabei die entscheidende Rolle zukam, ohne – verständlicherweise in einem Werbebrief um eine andere Frau – die erotische Dimension seiner Empfindungen ihr gegenüber zu erwähnen.

Durch die Erschütterung über den Tod Marie von Blanckenburgs erfolgte der Durchbruch zum Glauben. »Was sich in mir regte, gewann Leben, als sich, bei der Nachricht von dem tödlichen Erkranken unsrer verstorbenen Freundin in Cardemin [Marie von Blanckenburg], das erste inbrünstige Gebet, ohne Grübeln über die Vernünftigkeit desselben, von meinem Herzen losriß, verbunden mit schneidendem Wehgefühl über meine eigne Unwürdigkeit zu beten, und mit Thränen wie sie seit den Tagen meiner Kindheit fremd gewesen waren. Gott hat mein damaliges Gebet nicht erhört, aber er hat es auch nicht verworfen, denn ich habe die Fähigkeit ihn zu bitten nicht wieder verloren, und fühle, wenn nicht Frieden, doch Vertrauen und Lebensmut in mir, wie ich sie sonst nicht mehr kannte. Durchdrungen von der Erkenntniß, durch mich selbst der Sünde und Verkehrtheit nicht ledig werden zu können, fühle ich mich doch in dieser Erkenntniß nicht muthlos und niedergeschlagen, wie früher ohne dieselbe, weil der Zweifel an einem ewigen Leben von mir gewichen ist, und weil ich Gott täglich mit bußfertigem Herzen bitten kann, mir gnädig zu sein um Seines Sohnes willen, und in mir Glauben zu wecken und zu stärken. Mit diesem Gebet bin ich auch entschlossen, zum heiligen Abendmahl zu gehen, was ich seit meiner Einsegnung vermieden habe, weil es mir Lästerung oder doch Leichtfertigkeit zu sein schien, es mit den Gedanken zu nehmen, die ich damit verbinden konnte.«[12]

Bismarck macht seinen neu gewonnenen Glauben an drei Dingen fest: Zunächst an der Wiederaufnahme des Gebets. Er hat – ohne sein Zutun – die seit seiner Jugend verlorene Fähigkeit zurückbekommen, Gott zu bitten. Das Gebet wird Bismarck zum Beleg für den wiedergewonnenen Glauben, weil dessen Voraussetzung ein persönliches Gottesverständnis ist. Zu diesem Vorgang existiert eine verblüffende Parallele aus dem Neuen Testament. In Apg 9,11 heißt es nach der Bekehrung des Paulus vom Verfolger der christlichen Gemeinde zum Nachfolger Jesu Christi lapidar: »Siehe, er betet.« Sodann hat sich Bismarcks Gemütsverfassung im Vergleich zu vorher radikal verändert: An die Stelle von Mutlosigkeit und Niedergeschlagenheit sind »Vertrauen und Lebensmut« getreten. Bismarck möchte ausdrücklich das Wort »Frieden« vermeiden, das in pietistischen Kreisen besonders beliebt war, weil es ihm zu vollmundig erscheint. Schließlich bezeugt Bismarck seinen neugewonnenen Glauben an die Vergebung der Sünden durch Jesus Christus. Diesen möchte er durch den Empfang des Abendmahls, das er seit seiner Konfirmation gemieden hat, äußerlich besiegeln.

Bismarck verwendet in diesem Briefabschnitt theologisch beeindruckende paradoxe Formulierungen.[13] Einerseits hält er fest, dass er erst durch die Hinwendung zum Glauben die Erkenntnis gewonnen habe, ein Sünder zu sein und sich nicht aus eigener Kraft von der Sünde befreien zu können. Andererseits betont er, dass ihn die Erkenntnis des eigenen Sünderseins nicht etwa mutlos und niedergeschlagen gemacht habe – so wie er sich früher ohne das Bewusstsein seines Sünderseins gefühlt hätte –, sondern dass der wiedergewonnene Glaube an das ewige Leben ihm zugleich die Zuversicht gegeben habe, mit der Aussicht auf Erhörung Gott um Vergebung zu bitten. Schon aus psychologischen Gründen muss der Glaube an die Liebe Gottes dem Eingeständnis des eigenen Sünderseins vorausgehen. Erst aufgrund dieser Gewissheit wird es Bismarck möglich, die eigene beschämende Wirklichkeit in ihrer ganzen Abgründigkeit wahrzunehmen.

Er ist sich bewusst, dass er Heinrich von Puttkamer mit seinem Werbebrief viel zumutet. So verschweigt er nicht, dass seine Bekehrung erst zwei Monate zurückliegt. Schon deswegen muss er mit der Ablehnung der Bitte um die Hand Johannas rechnen. Aber selbst wenn der zukünftige Schwiegervater ihm die Hand seiner Tochter versagen sollte, hofft er, deswegen doch den Glauben nicht mehr zu verlieren. Gerade dieser Hinweis spricht für die Echtheit von Bismarcks Bekehrung: Der Glaube ist ihm wichtiger als die Hand der geliebten Frau. »Welchen Werth Sie dieser erst zwei Monate alten Regung meines Herzens beilegen werden, weiß ich nicht; nur, hoffe ich, soll sie, was auch über mich beschlossen sein mag, unverloren bleiben; eine Hoffnung die ich Ihnen nicht anders habe bekräftigen können, als durch unumwundene Offenheit und Treue in dem, was ich Ihnen, und sonst noch niemandem, hier vorgetragen habe, mit der Überzeugung, daß Gott es den Aufrichtigen gelingen lasse.«[14]

Neben dem Werbebrief ist der Brief an Bismarcks Bruder Bernhard das wichtigste Zeugnis für seine Bekehrung. Er schreibt ihn, nachdem die Verlobung mit Johanna von Puttkamer bereits erfolgt ist. Da er keinerlei persönliche Zwecke in dem Brief verfolgt, ist eine »objektive« Darstellung seiner Bekehrung zu erwarten: »Im übrigen glaube ich ein großes und nicht mehr gehofftes Glück gemacht zu haben, indem ich, ganz kaltblütig gesprochen, eine Frau von seltnem Geist und seltnem Adel der Gesinnung heirate; dabei liebenswürdig sehr und facile à vivre wie ich nie ein Frauenzimmer gekannt habe. In Glaubenssachen gehen wir, mehr zu ihrem als zu meinem Leidwesen, etwas auseinander, wenn auch nicht so sehr als Du meinestheils glauben magst, denn mancherlei innre und äußre Ereignisse haben in letzter Zeit Veränderungen in mir hervorgebracht, durch die ich mich, was früher, wie Du weißt, nicht der Fall war, berechtigt halte, mich den Bekennern der christlichen Religion beizuzählen. Wenn ich auch in vielen Lehren, vielleicht die jene für die Hauptsache halten, soweit ich mir selbst klar bin, lange nicht auf gleichem Gesichtspunkt mit ihnen stehe, so ist doch stillschweigend eine Art von Passauer Vertrag zwischen uns zustande gekommen. Übrigens liebe ich den Pietismus an Frauen, und verabscheue weibliche Lichtfreunde…« Zwei Beobachtungen sind in unserem Zusammenhang wichtig: Einerseits betont Bismarck, dass er durch eine bestimmte Entwicklung (»mancherlei innre und äußre Ereignisse«) inzwischen Christ geworden sei (»berechtigt halte, mich den Bekennern der christlichen Religion beizuzählen«). Allein schon deswegen, weil das Bekenntnis gegenüber dem eigenen Bruder erfolgt, mit dem Bismarck sich gut verstand, muss es besonders ernst genommen werden. Andererseits verschweigt er nicht die Unterschiede, die ihn vom pietistisch geprägten Glauben seiner Verlobten und ihrer Gesinnungsgenossen trennen, wobei er diese sogleich in mehrfacher Hinsicht relativiert: »In

Glaubenssachen gehen wir … etwas auseinander«; »soweit ich mir selbst klar bin«; Bismarck liebt den Pietismus an Frauen. Der Hinweis auf den Passauer Vertrag besagt Folgendes: 1555 wurden die Konfessionsunterschiede im Heiligen Römischen Reich Deutscher Nation nicht festgeschrieben. Der Vertrag besagte lediglich, dass bis zu einer endgültigen Regelung im Hinblick auf die Konfessionszugehörigkeit nach dem Motto »eius regio, cuius religio« verfahren werden sollte. Der jeweilige Herrscher bestimmte auf seinem Territorium die Konfession. Dabei war die Auswanderung Andersgläubiger erlaubt. Bismarck schließt also nicht aus, dass es im Hinblick auf die verbleibenden Glaubensunterschiede zu einer weiteren Annäherung kommen könnte. Vor allem aber betont er die Gemeinsamkeit des christlichen Glaubens.

In der Geschichtsforschung wird Bismarcks Hinwendung zum persönlichen Gottesglauben sehr unterschiedlich interpretiert. Die Interpretationen erlauben jedoch weniger einen objektiven Aufschluss über dessen tatsächlichen Glauben als vielmehr einen Einblick in die Stellung des jeweiligen Interpreten zu Bismarcks Politik und zum Christentum allgemein. Dabei laufen die verschiedenen Interpretationslinien auf zwei Grundpositionen hinaus: Einerseits eine von der säkularen Geschichtswissenschaft geprägte, andererseits eine stärker theologisch orientierte Auslegung, die den Glauben als Größe von eigener Kraft und Bedeutung im Leben eines Menschen versteht. Ernst Engelberg bietet in seiner Bismarckbiografie ein Beispiel für die erste Interpretationslinie. Danach war die religiöse Veränderung, die durch die Bekehrung erfolgte, nur marginal: Auch vorher habe Bismarck sich gehütet, »religiöse und damit letztlich auch soziale Grundpositionen zu verlassen.«[15] Zum anderen sei es ihm in der Bekehrung darum gegangen, für seine politische Karriere die Unterstützung des pommerschen frommen Adels zu gewinnen.[16] Schließlich »sehnte [er] sich nach Häuslichkeit, Familie und Geborgenheit, er brauchte einen Menschen, dem er bedingungslos trauen konnte. … Doch wollte er nicht, wie Johanna [seine Frau] später einmal im Scherz sagte, ›korbbeladen‹ abziehen, und ein Nein der frommen Eltern riskieren, so war auch eine ›religiöse Erweckung‹ vonnöten.«[17] Immerhin gibt Engelberg zu, dass sich zwischen dem pommerschen Pietismus und Bismarck durch dessen Bekehrung auch im eigentlich Religiösen eine Gemeinsamkeit in »einer eigenständigen, persönlich gefärbten Beziehung zu Gott ohne Priestervermittlung« ergab.[18]

Letztlich handelte es sich nach dieser Interpretation bei Bismarcks Bekehrung nicht um eine Bekehrung zu Gott, sondern zu den Menschen. Die Möglichkeit, dass das eine das andere nicht ausschließt, sondern nach evangelischem Verständnis beides einander bedingt, scheint dem Interpreten unbekannt zu sein. Ein Zeichen für die Echtheit einer Hinwendung zu Gott besteht gerade darin, dass der Glaube im Bekehrten die Liebe zum Nächsten freisetzt. Was ist die Ursache für das Unvermögen, diesen Zusammenhang zu sehen? Sie liegt wohl darin, dass es einem säkular arbeitenden Historiker wie Engelberg unmöglich ist, die Kraft und Bedeutung des Glaubens, die er im Leben eines Menschen zu gewinnen vermag, zu erkennen und angemessen zu würdigen. Stattdessen werden ausschließlich menschliche bzw. politische Interessen als handlungsleitend anerkannt. Entsprechend müssen Selbstaussagen Bismarcks zu seiner Bekehrung, die die eigene Interpretation infrage stellen würden, uminterpretiert werden.

Andere Historiker wie Christian Graf von Krockow nehmen Bismarcks Bekehrung ernster. Für Krockow werden dafür die Unterschiede wichtig, die Bismarcks Glaube gegenüber dem kirchlich geprägten »Normalglauben« aufweist. Seine Kritik spitzt er zu in der Feststellung: »Bismarcks Gott nimmt sich sehr bismarckisch aus.«[19] Immerhin verkennt er nicht, dass sich Bismarck zeit seines Lebens um den Glauben gemüht hat und das Gebet für ihn eine wesentliche Rolle spielte.[20] Vor allem betont Krockow, dass der Glaube für den Kanzler nicht nur Grundlage seiner persönlichen Existenz, sondern auch der Gesellschaft war, folglich sein politisches Handeln maßgeblich beeinflusste.[21]

Für die Echtheit von Bismarcks Bekehrung sprechen in meinen Augen vor allem drei Dinge. Erstens ein rein äußerlicher Befund: Die Auseinandersetzung mit Fragen des Glaubens zieht sich – zugegebenermaßen in unterschiedlicher Intensität – durch das ganze Leben des Kanzlers. Das zeigt sich an der kontinuierlichen Lektüre von Losungen, Bibel, Psalmen und einem Andachtsbuch mit Luthertexten. Auch diejenigen Losungsbücher, in denen sich kaum Anmerkungen und Anstreichungen finden, sind z. T. sehr zerlesen, die Bindung löst sich auf, was auf häufigen Gebrauch hindeutet. In Bismarcks Briefen und Reden findet sich eine Fülle von Aussagen zum christlichen Glauben, die auf die Wichtigkeit hindeuten, die dieser für ihn besaß – ein Eindruck, der auch durch die Erinnerungen von Freunden und Weggefährten bestätigt wird.

Zweitens spricht für die Echtheit der Bekehrung die Beobachtung, dass viele Aussagen Bismarcks das Glück und die Freude widerspiegeln, die das Geschenk des Glaubens für sein persönliches Leben bedeutete. In einem Brief an seine Frau Johanna schreibt Bismarck am 3.7.1851: »Ich begreife nicht, wie ein Mensch, der über sich nachdenkt und doch von Gott nichts weiß oder wissen will, sein Leben vor Verachtung und Langeweile tragen kann, ein Leben das dahinfährt wie ein Strom, wie ein Schlaf, gleichwie ein Gras, das bald welk wird; wir bringen unsre Jahre zu wie ein Geschwätz. Ich weiß nicht, wie ich das früher ausgehalten habe; sollte ich jetzt leben wie damals, ohne Gott, ohne Dich, ohne Kinder – ich wüßte doch in der Tat nicht, warum ich dieß Leben nicht ablegen sollte wie ein schmutziges Hemde …«[22] Diese Aussage ist im Hinblick auf die Bekehrung von Wichtigkeit, weil Bismarck hier eine klare emotionale Differenz zwischen der Zeit vor und nach der Bekehrung konstatiert: »Ich weiß nicht, wie ich das früher ausgehalten habe …« War er früher von »Verachtung und Langeweile« erfüllt, prägen ihn jetzt Mut und Zuversicht. Außerdem betont Bismarck die Wichtigkeit des Glaubens für das gesellschaftliche Zusammenleben und wie unvorstellbar für ihn eine Gesellschaft ohne das Fundament des Glaubens ist. »Wie man ohne Glauben an eine geoffenbarte Religion, an Gott, der das Gute will, an einen höheren Richter und ein zukünftiges Leben zusammenleben kann in geordneter Weise – das Seine tun und jedem das Seine lassen, begreife ich nicht.«[23]

Einen dritten Grund für die Echtheit seiner Bekehrung offenbart schließlich der Abschnitt eines Briefes an Hans von Kleist-Retzow, einen langjährigen engen Freund, der erst nach dem Zweiten Weltkrieg veröffentlicht wurde. Am 4.7.1851 schreibt Bismarck an ihn: »Die Haupthandhabe, an der mich d. Böse angreift liegt nicht in äußerm Glanz, sondern in einer brutalen Sinnlichkeit, die mich so nahe an die größten Sünden führt, daß ich mitunter verzweifle, daß der Same des göttlichen Worts in meinem von Jugend auf verwilderten Herzen den guten Boden nicht gefunden hat, sonst könnte ich nicht in dem Maße der Spielball der Versuchung sein, die sich bis in mein Gebet drängt. Jede unbeschäftigte Einsamkeit führt mich zum Kampf mit den Gebilden des Abgrunds einer verdorbenen Phantasie, die mit unheimlicher Behendigkeit von dem trostreichen Bilde dessen, der für unsere Sünde litt zu neuen sündigen Gedanken springt. Luther sagt irgendwo, er habe nicht das kürzeste Gebet ohne törichte Zwischengedanken sprechen können; ist Dir das auch so? Ich muß immer wieder die Stelle in Ebräer 10 V. 26–27 [von der endgültigen Verwerfung des Menschen ohne der Möglichkeit zur Umkehr] lesen, und bin oft in hoffnungsloser Angst über die Unfruchtbarkeit meines Gebets. Tröste mich Hans, aber verbrenne dies ohne mit jemand davon zu sprechen.«[24] Die Briefpassage zeigt in anrührender Weise den Menschen Bismarck, wie Krockow meint.[25] Viel wichtiger aber ist Folgendes: Sie lässt erkennen, dass Bismarck sich zu einem profiliert evangelischen Glauben bekehrt hat. Nicht zufällig verweist er auf Luthers Glaubenserfahrung. Nach lutherischem Verständnis bleibt auch ein überzeugter Christ lebenslang zugleich peccator et iustus, zugleich Sünder und Gerechter. Die Erkenntnis der eigenen Sünde und Anfechtung ist das entscheidende Kennzeichen eines lebendigen Glaubens. Umgekehrt ist es dagegen das Zeichen des Unglaubens, die eigene Sünde nicht wahrhaben zu wollen. Entsprechend kann Luther sagen: Keine Anfechtung ist die größte Anfechtung.[26]

Bismarcks Losungsgebrauch – dargestellt anhand seiner Einträge in den Losungsbüchern

»Gottes Minister«. Widmungen

Bismarck bekam die Losungsbücher häufig von seinem Freund und langjährigen politischen Weggefährten Hans von Kleist-Retzow geschenkt, der, obwohl nahezu gleichaltrig, gleichzeitig sein Onkel war. Kleist gehörte zum Kreis der pommerschen Pietisten, zu dem Bismarck durch Bekehrung und Heirat Zugang bekommen hatte. Im Losungsbuch für 1866 findet sich auf der vorderen zweiten Innenseite die folgende Widmung: »Der Herr Zebaoth wird König sein auf dem Berge Zion und in Jerusalem u vor seinen Ältesten in der Herrlichkeit. (1 April). So sollen wir seine Minister sein! Herr! Weise mir deinen Weg und leite mich auf richtiger Bahn um meiner Feinde willen. (15 Okt.) – Das sei darum deine Weihnachtsgabe, und erbitten dir als solche deine treuen Freunde / Kieckow den 20sten December 1865 / Hans und Charlotte [von Kleist-Retzow]«.

Auf der hinteren Innenseite links stehen, wahrscheinlich von Bismarck selbst in Tinte geschrieben, die Bibelstellenangaben: »Matth 5, 11 und Ps 91,7 u. 9«: »Selig seid ihr, wenn euch die Menschen um meinetwillen schmähen und verfolgen und reden allerlei Übles gegen euch, wenn sie damit lügen«; »Wenn auch tausend fallen zu deiner Seite und zehntausend zu deiner Rechten, so wird es doch dich nicht treffen«; »Denn der Herr ist deine Zuversicht und der Höchste ist deine Zuflucht.«

Der 1. April war Bismarcks Geburtstag; darum das ausdrückliche Zitat der Losung des Tages mit dem Hinweis der Kleists auf seine geistliche Berufung, im Amt des preußischen Ministerpräsidenten als Gottes »Minister« zu wirken. Dass wohl Bismarck selbst die Bibelstellenangaben Mt 5,11 und Ps 91,7.9 notiert hat, zeigt, dass er gegenüber Anfeindungen im politischen Geschehen nicht unempfindlich war und in beiden Bibelstellen inneren Halt und Trost fand. 1864 und 1865 bestimmten

Auseinandersetzungen um das Schicksal Schleswig-Holsteins die europäische Politik, die zum Deutsch-Dänischen Krieg führten.

Im Losungsbuch für 1872 lautet die Widmung: »Lasset uns auf sein und gen Bethel ziehen, daß ich daselbst einen Altar mache dem Gott, der mich erhöret hat zur Zeit meiner Trübsal, und ist mit mir gewesen auf dem Wege, den ich gezogen bin. 1 Mos. 35,3. die Jahresloosung vom 1 April! Als Weihnachtsgabe1871, zum gesegneten täglichen Gebrauch im Jahre 1872 neben – aber nicht als Ersatz – der Heiligen Schrift, von deinem treuen Onkel Hans Berlin 25. Dezbr. 71«

Auch diesmal verweist Kleist ausdrücklich auf den 1. April. Die Widmung beinhaltet wie schon im Losungsbuch für 1866 eine etwas oberlehrerhaft wirkende geistliche Ermahnung, dass die Losungen keinen Ersatz für die regelmäßige Lektüre der Bibel sind.

1875, nachdem die Freundschaft mit Hans von Kleist-Retzow während des Kulturkampfes zerbrochen war, schrieb sich Bismarck folgende Widmung eigenhändig ins Losungsbuch: »Der alt böse Feind, / Mit Ernst er's jetzt meint. / Groß Macht und viel List / Sein grausam Rüstung ist.« Dass der Kanzler einen Teil der ersten Strophe des bekannten Lutherliedes »Ein feste Burg ist unser Gott« zum persönlichen Jahresmotto für sich erhebt, zeigt, dass die Trennung von Hans von Kleist nicht spurlos an ihm vorübergegangen ist. Bismarck ist sich bewusst, dass der Teufel ein »Mörder und Lügner« von Anfang ist (so Joh 8,44), vor dem sich jeder Mensch in Acht nehmen muss.

»Reichstagseröffnung. Schneeglöckchen blühn.« Hochschätzung des gewöhnlichen Lebens

Vergleicht man die Anmerkungen und Anstreichungen, die geistlichen Inhalts sind, zahlenmäßig mit den weltlichen Notizen, wird schnell deutlich, dass letztere weitaus zahlreicher sind. Diese rein zahlenmäßige Beobachtung macht deutlich: Bismarck schätzte das alltägliche Leben hoch. Die »Begeisterung für das Alltägliche« (Christian Möller) aber ist ein wichtiger Grundzug evangelischer Spiritualität überhaupt.

Trotz ihrer Kürze ermöglichen zahlreiche Notizen wertvolle Einblicke in Persönlichkeit und Lebensauffassung Bismarcks. Es fällt auf, dass er sich eng mit der Natur verbunden fühlte. Typisch sind – gerade wenn er sich in Varzin, seinem Gut in Hinterpommern aufhielt[27] – Beobachtungen zum Wetter: 17.8.1872 »Regen«; 18.8.1872 »Regen«; 16.11.1872 »Nebel«; 12.12.1872 »Frost«. Genauso aufmerksam registriert er den Wechsel der Jahreszeiten, vor allem das Erwachen der Natur im Frühling: »Krokusspitzen«; »Schneeglöckchen Spitzen«; »Garten grün gesehen«; »kaum grün«; »bald grün« usw.[28] Dass er Gutsherr mit ausgedehntem Land- und Waldbesitz war,[29] erklärt sein Interesse an Beobachtungen, die die Landwirtschaft betreffen: »Roggen schlecht, Hafer gut«; »Maikäferfraß in Eichen« usw.[30]

Zu Bismarcks Passionen gehörte die Jagd. An vielen Stellen werden vor allem in den ersten Jahren Jagden und das dabei geschossene Wild notiert: 4.2.1865 »Jagd Sauen«; 18.10.1866 »12 Fasanen 3 Hasen«; 20.10.1866 »11 Fasanen 5 Hasen«; 21.12.1866 »16 Hasen« usw.

Die Anmerkungen in den Losungsbüchern zeigen, dass Bismarck ein ausgeprägter »Familienmensch« war. Eine Fülle von Notizen betreffen seine Frau und die drei Kinder: 15.9.1865 »Johanna nach Homburg«; 14.11.1872 »Bill [der Sohn Wilhelm] nach Königsberg« usw. Viele Notizen beziehen sich auch auf die berühmten großen Doggen, die – nach Bismarcks Empfinden – zur Familie gehörten. Immer wieder taucht der Lieblingshund Sultan auf, häufig auch mit dem Kosenamen »Sultl«. Sultan stirbt 1877: »Abend Sultl todt«; »Thierärzte«; »Sult begraben«.[31] Nach dem Tod Sultans war es in Varzin nach Berichten von Augenzeugen »wie in einem Trauerhause«. Bismarck macht sich Vorwürfe, sein Herz so an einen Hund gehängt zu haben.

Großen Raum nehmen auch Anmerkungen zum Gesundheitszustand von ihm und seiner Frau ein. Dabei fällt auf, dass es nur kurze Zeiten gab, in denen er keine körperlichen Beschwerden hatte. Es drängt sich der Eindruck auf, dass Bismarck entgegen dem Augenschein eine sensitive Persönlichkeit war. 3.2. »unwohl«; 5.2.1865: »unwohl«; 6.2.1865 »unwohl« usw. Vor allem Schlafprobleme werden fast kontinuierlich notiert.[32] Schwierige politische Aufgaben scheinen Bismarck nervlich so herausgefordert zu haben, dass er auch nachts keine Ruhe fand. Er war also kein skrupelloser Machtmensch. Sicherlich ist das ein Grund dafür, wieso er monatelang von Varzin oder Friedrichsruh aus das Deutsche Reich regierte. Man stelle sich einmal vor, dass sich die heutige Bundeskanzlerin sieben Monate lang nicht in Berlin blicken ließe. Eine kaum bekannte Aquarellskizze von Adolph Menzel zeigt Bismarck 1865 als träumerische, sentimentale Natur.[33] Es spricht einiges dafür, dass Menzel damit ein wesentliches Persönlichkeitsmerkmal Bismarcks getroffen hat, das meist übersehen wird.[34] Der Kanzler bestätigte die Auffassung Menzels, als er in einem Gespräch meinte, dass die Maler ihm zu Unrecht einen gewaltsamen Ausdruck geben würden.[35]

Die Anmerkungen in den Losungsbüchern zeigen, dass Bismarck viel gereist ist, also ein ziemlich unstetes Leben führte: In jüngeren Jahren reiste er berufsbedingt durch fast ganz Europa, später pendelte er zwischen Berlin und den Gütern Varzin und Friedrichsruh und unterschiedlichen Kurorten hin und her.

Aus den Notizen geht hervor, dass Bismarck eine unglaubliche Fülle von Terminen und Begegnungen bewältigte. In den ersten Jahrgängen des Losungsbuches merkt er regelmäßig an, welche Bälle er während der Saison im Winterhalbjahr besuchte und wo er mit wem zum Diner zusammen war: 13.2. »Ball Prinz Carl [ein Bruder des preußischen Königs]«; 21.2. »Ball Putbus [ein Fürst]« usw. Dabei zeigt sich, dass er fast täglich an Bällen, Soireen und Diners teilnahm. Häufig werden auch Audienzen bei Wilhelm I. notiert; genauso die Treffen mit ausländischen Regierungschefs und deutschen Politikern: 22.3.1865 »… B. S. M. [Bei Seiner Majestät]; 4.10.1865 »Audienz Napoleon [III.]«]; 4.1.1871 »Bebel« [Führer der Sozialdemokratie] usw.

Aufschlussreich im Hinblick auf seine Persönlichkeit sind auch die folgenden beiden Anmerkungen. Am 3.3.1887 notiert er: »Reichstagseröffnung. Schneeglöckchen blühn«. Das unmittelbare Nebeneinander von historischem Ereignis und »gewöhnlicher« Naturbeobachtung verblüfft. Aus ihm spricht Bismarcks Überzeugung, dass jedes menschliche Handeln, auch ein Ereignis von historischer Bedeutung, nur relative Bedeutung besitzt. Die gleiche Auffassung lässt die folgende Notiz erkennen. Am 6.2.1888 hielt Bismarck eine Reichstagsrede, die für die Aufrechterhaltung des Friedens in Europa große Bedeutung hatte. Der Reichskanzler notiert im Losungsbuch: »schl[echte] Nacht; Fife Frühstück. Reichstag 2 Stunden Rede! Straßenjubel, worüber? …« Die Relativität des eigenen Tuns bewahrte ihn vor Selbstüberschätzung.

Auf der anderen Seite konnte Bismarck Ereignisse von historischer Bedeutung im Losungsbuch durchaus angemessen würdigen. Als am 9.3.1888 der alte Kaiser Wilhelm I. gestorben war, notierte er die klassischen Worte: »Imperator obiit [der Kaiser ist gestorben].«

Geistliche Aspekte von Bismarcks Losungsgebrauch

Die Losungen als täglicher Begleiter

Welche Erkenntnisse ergeben sich aus der Untersuchung der Losungsbücher im Hinblick auf Bismarcks Glauben und sein spirituelles Leben? Die wichtigste Erkenntnis besteht schlicht darin, dass er die Losungen zeit seines Lebens kontinuierlich gelesen hat. Bismarck hat gegenüber Vertretern der Brüdergemeine selbst zum Ausdruck gebracht, dass die Losung sein täglicher Begleiter war: Anlässlich des Besuches von Prediger und Vorsteher L. und H. Erxleben der Berliner Brüdergemeine versicherte er, dass er die Losungen »jeden Morgen und Abend zur Hand nehme, da er sie neben der Erbauung zum Handbuch für tägliche Notizen brauche.«[36] Neben der Bibel, die nach Berichten von Augenzeugen ständig auf seinem Schreibtisch lag, den Psalmen in einer Extraausgabe und einem Andachtsbuch mit Texten Martin Luthers bildete ihre Lektüre eine wesentliche Form seiner Spiritualität.

Versprechen von Glaube und Alltag

Eine weitere wichtige Erkenntnis ergibt sich aus dem Nebeneinander von privaten, politischen und geistlichen Notizen bzw. Anstreichungen. Glaube und Alltag bildeten für Bismarck keine getrennten Lebensbezirke, sondern waren eng miteinander verbunden. Das Nebeneinander von weltlichen und geistlichen Einträgen lässt sich gut an dem Jahr 1865 zeigen. Ich gebe die Notizen aus der Zeit zwischen März und Anfang Juli wieder:

9.3. Kreuz am Rand der Strophe: »Ich halte mich zu Dir, – Dein Will' gescheh' an mir; – Dein Will', an dem mein Wollen hängt, – und der mir Fried' und Freude schenkt. 886,1«

18.3. »Concert bei S. M. [Seiner Majestät]«

22.3. »Din.[er] bei mir; Soir. B. S. M [Soiree bei Seine Majestät]«

2.4. »H.[eiliges] Abendmal [sic!]«

7.4. Kreuz neben: »Seid Täther des Worts und nicht Hörer allein. Jak. 1,22.«

11.5. Kreuz neben: »Siehe, Gott ist mein Heil; ich bin sicher und fürchte mich nicht; denn Gott der Herr ist meine Stärke und mein Psalm und ist mein Heil. Jes. 12,2«

26.6. »Nach Carlsbad«

1.7. Kreuz: »Ich ging vor dir über und sah dich in deinem Blute liegen und sprach zu dir, da du so in deinem Blute lagst: Du sollst leben! Ja, zu dir sprach ich, da du so in deinem Blute lagst: Du sollst leben! Ezech. 16,6.«

Bibelworte und Liedstrophen auf der einen und Ereignisse des Alltags auf der anderen Seite geraten aufgrund von Bismarcks speziellem Losungsgebrauch zwangsläufig ins Gespräch miteinander. Sie beleuchten sich gegenseitig. Evangelium und Alltag werden auf diese Weise miteinander versprochen, um eine Wortprägung Ernst Langes aufzunehmen. Die Losungen helfen Bismarck, Alltagsereignisse im Licht des Evangeliums zu deuten. Umgekehrt führen die weltlichen Notizen dazu, dass das Evangelium im Alltag zur Geltung kommt. Dabei spielen die Liedstrophen gegenüber den Bibelworten im Bewusstsein Bismarcks eine bloß untergeordnete Rolle. Während des schon erwähnten Besuchs der Vertreter der Berliner Brüdergemeine meinte er im Hinblick auf die Losung: »Er unterscheide bei ihr zwei Teile, das Knochengerüst im Bibelwort und die Weichteile in den Versen darunter … .«[37] Allerdings deuten die zahlreichen Anstreichungen von Liedstrophen darauf hin, dass Bismarck auch diese aufmerksam las und sich von ihnen ansprechen ließ.

Suche nach Trost

Bei den Anmerkungen und Anstreichungen mit geistlicher Bedeutung fällt auf, dass Bismarck beim Lesen der Losungen zuallererst für sich selbst Trost suchte – Trost im neutestamentlichen Sinn des Wortes in Form von Ermutigung und Ermahnung. Dafür lassen sich eine Fülle von Beispielen finden:

18.11.1865 »Ministerrunde bei mir«. Bei der Liedstrophe im Anschluss an den Lehrtext findet sich ein Kreuz: »Durch viele Mühe – hat mich Dein Aug' bewahrt; – die Treue ist ganz unbeschreiblich, – und wer's nicht erfahren, dem ist's ungläublich. 417,7.«

Auch den Lehrtext am 6.12.1865 bezeichnete Bismarck mit einem Kreuz: »Gott hat uns selig gemacht und berufen mit einem heiligen Ruf, nicht nach unsern Werken, sondern nach seinem Vorsatz und Gnade. 2 Tim. 1,9.«

Als erster Anstrich im Jahr findet sich am 26.2.1866 ein Kreuz neben dem Lehrtext: »Hütet euch, daß eure Herzen nicht beschweret werden mit Fressen und Saufen und mit Sorgen der Nahrung und komme dieser Tag schnell über euch. Luc 21,34.«

Am 5.8.1866 markierte Bismarck die Liedstrophe nach dem Lehrtext mit einem Kreuz: »Denn wie von treuen Müttern, / in schweren Ungewittern, / die Kindlein hier auf Erden / mit Fleiß bewahret werden, / also auch und nicht minder / läßt Gott Ihm Seine Kinder, / wenn Noth und Trübsal blitzen, / in Seinem Schooße sitzen. 101,3.4.«

Aus dem bekannten Zinzendorf-Lied »Wir woll'n uns gerne wagen«, das am 21.5.1878 in der Losung stand, unterstrich der Kanzler die Worte »nicht an dem Amt verzagen«.

Herausforderungen zum Dialog

Viele Einträge zeigen, dass Bismarck die Losungen wörtlich nahm, unmittelbar auf sich selbst und seine Situation bezog. Bismarck verstand Losungen, Lehrtexte und Liedstrophen nicht als unhinterfragbares Wort Gottes, sondern ließ sich durch sie zum Dialog herausfordern. Seine Reaktionen wirken spontan, bisweilen geradezu kindlich. Als Leser wird man unwillkürlich an das Wort Jesu aus den Evangelien erinnert, in dem er kindhaftes Vertrauen als Voraussetzung für den Glauben bezeichnet: »Wenn ihr nicht werdet wie die Kinder…«

1.12.1880: »Lasset uns gehen, zu bitten vor dem Herrn, und zu suchen den Herrn Zebaoth« (Sach 8,21). Daneben schrieb Bismarck auf Russisch: »Gott sei Dank!«[38]

24.12.1883 »Siehe das ist unser Gott, auf den wir harren, und Er wird uns helfen« (Jes 25,9).

Darunter steht die Paul-Gerhardt-Strophe: »Das schreib dir in dein Herze, / Du hochbetrübtes Heer! / Bei denen Gram und Schmerze / Sich häuft je mehr und mehr: / Seid unverzagt! Ihr habet / Die Hülfe vor der Thür; / Der eure Herzen labet / Und tröstet, steht allhier.« Bismarck hielt fest: »all right thank God.«

Als 1864 oder 1865 die Losung einmal hieß: »Den Weg, den du gehst, werde ich mit dir gehen«, reagierte Bismarck darauf mit der Aussage, dass er dann doch vergnügt sein müsse.[39]

Nachdem Bismarck bei einem Attentatsversuch, der Unter den Linden in Berlin durch den Studenten Blind verübt worden war, unverletzt blieb, notierte er neben der Losung vom 7.5.1866: »Israel wird sicher allein wohnen. 5 Mos. 33,28« den Namen »Blind«. Die darunter stehende Strophe: »Nimm uns zu Deinen Gnaden, / sei gut für allen Schaden, / Du Aug' und Wächter Israel! 1587,8« strich er rechts und links an. Losung und Liedstrophe sprachen Bismarck verständlicherweise angesichts des unbeschadet überstandenen Attentatsversuchs unmittelbar an und ermutigten ihn in besonderer Weise.

Zum Lehrtext aus 2. Tim 2,7 »Der Herr wird Dir in allen Dingen Verstand geben« vom 20.8.1889 schrieb Bismarck: »möchte Er!« Es spricht für die Demut Bismarcks und die Kindhaftigkeit seines Glaubens, dass er auch nach über drei Jahrzehnten Kanzlerschaft in dem Bewusstsein regierte, dabei auf Gottes Weisheit angewiesen zu sein.

Als an seinem 76. Geburtstag am 1.4.1891 die Strophe unter der Losung hieß: »Wer lebet im Herrn, der stirbet auch gern«, schrieb Bismarck über »stirbet« die Worte: »lieber noch nicht.« Bismarcks Einträge in den Losungsbüchern beeindrucken, ja verblüffen durch ihre Ehrlichkeit. Unwillkürlich wird man an die nicht-religiöse Sprache der Psalmbeter im Alten Testament erinnert, die sich nicht davor scheuten, in schonungsloser Offenheit ihre Not zu klagen und Gott seine Verheißungen »in die Ohren zu reiben« (Martin Luther).

Hilfe im Ringen um verantwortliche politische Entscheidungen

Gerade in Konfliktzeiten rang Bismarck intensiv um verantwortliche politische Entscheidungen. Notizen und Anstreichungen häufen sich in den Zeiten, in denen schwere Konflikte die politische Agenda bestimmten: im Vorfeld und während der Auseinandersetzungen mit Dänemark (1864/65), Österreich (1866) und vor allem während des Deutsch-Französischen Krieges (1870/71), in denen die Einigung des Deutschen Reiches erfolgte und der preußische König in Versailles zum Deutschen Kaiser proklamiert wurde.

Am 8.12.1864 und am 19.11.1867 ist der Vers angekreuzt: »Was niemand böse glaubt, was jedermann erlaubt, das wird uns nimmermehr vergönnt, wenn's nicht dein Wort für gut erkennt.« Bismarck bemühte sich darum, wenn man der Anstreichung glaubt, Entscheidungen zu treffen, die nicht nur vor der öffentlichen Meinung oder vor bestimmten Parteien, sondern vor Gottes Willen Bestand hatten. Es scheint, als ob hierin die immer wieder diskutierte Beobachtung ihren Grund hat, dass Bismarck sich in seinen politischen Entscheidungen nicht von Emotionen, auch nicht von der öffentlichen Meinung beeinflussen ließ – z.B. als er gegen die Meinung des Königs und der Öffentlichkeit einen Versöhnungsfrieden mit Österreich durchsetzte.

Bismarck hatte in politisch angespannten Zeiten in besonderer Weise das Bedürfnis, sich der Nähe Gottes zu versichern.[40] Darum sein Streben, aktuelle politische Ereignisse im Licht der Texte des Losungsbuches zu deuten.

Auch hier einige Beispiele:

8.10.1865 »Dejeuner beim Kaiser [Napoleon III.]; 17.10.1865 Am alttestamentlichen Losungswort findet sich ein Kreuz: »Thut von euch die fremden Götter, so unter euch sind, und reiniget euch. 1 Mos. 35,2.« Diese Markierung Bismarcks ist nicht ohne weiteres verständlich. Sie zeigt jedoch, dass er schon zu diesem Zeitpunkt im Kaiser der Franzosen nicht nur einen Gegner sah, sondern ihn darüber hinaus als »kontaminiert« betrachtete, vor dessen Einfluss man sich hüten musste – ein für den Realpolitiker Bismarck zumindest ungewöhnlicher Gedanke.

Die meisten Anmerkungen und Anstreichungen mit geistlicher Bedeutung finden sich während des Krieges gegen Frankreich 1870/71.[41] Es war Bismarck offensichtlich bewusst, dass es sich um die entscheidende Herausforderung seines Lebens handelte. Am 12.7.1870, dem Tag, an dem die katholischen Hohenzollern der Sigmaringer Linie ihre Kandidatur für den spanischen Thron zurückzogen, notierte Bismarck: »Friede?« Am Tag nach der Emser Depesche: »Krieg?« Nach beiden Anmerkungen zu urteilen, hat Bismarck nicht zwangsläufig mit einem Krieg gegen Frankreich gerechnet.

Auf jeden Fall sah er in Frankreich den Anstifter für den Krieg:

19.10.1870 Anstreichung der Losung »Ihr gedachtet es böse mit mir zu machen, aber Gott gedachte es gut zu machen…« (1. Mose 50,20).

3.1.1871 »Lobsinget dem Herrn! denn Er hat sich herrlich bewiesen; solches sei kund in allen Landen. Jes. 12,5. O könnt ich doch der Christenheit – durchgängig davon zeugen! 572,5« Daneben: »morgen?«

Bismarcks Nerven waren zu diesem Zeitpunkt zum Zerreißen gespannt. Das galt sowohl im Hinblick auf den militärischen Fortgang des Krieges als auch auf das weitere Prozedere der deutschen Einigung.

2.2.1871 Anstreichung der Liedstrophe: »Friedenskönig, weil's Dein Wille, / Daß Dein Volk hier grünen soll: / O so gieb uns Deine Fülle, / Mach uns Alle Geistes voll!«

Am 18.1.1871 war in Versailles das Deutsche Reich unter einem Deutschen Kaiser ausgerufen worden.

Ob sich Bismarck durch die Losungen unmittelbar bei politischen Einzelentscheidungen beeinflussen ließ, ist umstritten: »Kleist erzählt, dass Bismarck Anfang Juli 1870 einen ernsthaft erwogenen Antrag auf Mobilmachung gegen Frankreich wieder fallen ließ, weil der Tagestext: Selig sind die Friedfertigen, ihn stutzig gemacht habe.«[42] Von Bismarcks Glaubensauffassung her scheint mir ein solch orakelhaftes Missverständnis der Losungen ausgeschlossen.

Auf dem Höhepunkt des Kulturkampfes gegen die katholische Kirche strich der Reichskanzler am 29.1.1874 in den Losungen den Gesangbuchvers an: »Schenk mir, Herr! den sanften Geist, / Welcher Lindigkeit beweist, / Der in mir / Sei die Zier / Und der Schmuck, der köstlich ist und werth vor Dir.« Bismarck kannte offensichtlich seine Schwäche, dass es ihm schwerfiel, aufzugeben und seine Emotionen zu zügeln, wenn ein Kampf nicht zu gewinnen war.

Am Tag der Reichstagsrede vom 5.3.1878 strich er die Losung an: »Wenn sie euch überantworten werden, so sorget nicht, wie oder was ihr reden sollt, denn es soll euch zur Stunde gegeben werden, was ihr reden sollt« (Mt 10,19). Nach einer Fülle von zeitgenössischen Berichten war Bismarck ein glänzender Redner. Vor allem seine Reden vor dem Reichstag waren legendär. Umso mehr verblüfft die Beobachtung, dass Bismarck für die Zusage göttlichen Beistands im Hinblick auf seinen Reichstagsauftritt dankbar war.

Am 2.6.1878, dem Tag des Attentats Karl Eduard Nobilings auf Wilhelm I., hieß die Losung »Fürchtet euch nicht vor denen, die den Leib töten können und die Seele nicht mögen töten« (Mt 10,28). Bismarck markierte die Stelle und schrieb in großen Buchstaben dahinter: »Schufte aber sind sie.« Oben zum Datum hielt er fest: »Mörder Nobiling.« Anhand dieses Eintrags zeigt sich die alttestamentlich-kreatürliche Färbung von Bismarcks

Glauben. Trotz der Hoffnung auf den Himmel darf die irdische Gerechtigkeit nicht preisgegeben werden.

Eine Woche nach Bismarcks Entlassung als Reichskanzler, am 28.3.1890, lautete der Lehrtext aus Mt 26,13: »Es stehet geschrieben: Ich werde den Hirten schlagen, und die Schafe der Herde werden sich zerstreuen.« Daneben findet sich ein großes Fragezeichen. In den fast zwei Jahrzehnten nach der Reichsgründung hatte Bismarck permanent den Zerfall des Deutschen Reiches durch äußere oder innere Feinde gefürchtet. Mit seiner Entlassung rückte diese Gefahr für ihn in unmittelbare Nähe. Immerhin: Sein Glaube bewahrte ihn vor vorschnellen Schlussfolgerungen – darum notierte er nur ein (großes) Fragezeichen und kein Ausrufungszeichen.

Resümee

All diese Beobachtungen vermitteln den Eindruck, dass Bismarck sich in einem permanenten Gespräch mit den Texten des Losungsbuches befand. Er verstand sie als das, was sie tatsächlich sein wollen: Gottes unmittelbare Anrede an ihre Leser. Weil sie für jeden ohne weiteres verständlich sind, bedürfen sie keiner theologischen Auslegung. Als Anrede sind Losungen, Lehr- und Dritttexte dazu angelegt, Zustimmung und Einverständnis, aber auch Zweifel, Infragestellung, Widerspruch und Ablehnung beim Leser hervorzurufen. Erst in der Reaktion der Leser erreichen sie ihr Ziel. Indem Bismarck auf die Worte der Losungsbücher reagierte, ließ er sich von ihnen in ein lebenslängliches Gespräch verwickeln. Nicht zuletzt die Spontaneität und Ehrlichkeit seiner Reaktionen machen seine Einträge auch für den heutigen Leser interessant. In Bismarcks Anmerkungen und Anstreichungen hatte alles Raum, was auch sonst zu einem normalen menschlichen Gespräch gehört. Sein Losungsgebrauch bestätigt auch an dieser Stelle die Beobachtung, dass seine Spiritualität, gut reformatorisch, eine Tendenz zum Alltäglichen aufweist.

Der Reichskanzler las die Losungen »mit weltlicher Interpretation«,[43] wie er im Brief an General von Roon schrieb. Unwillkürlich erinnert Bismarcks Formulierung an die von Dietrich Bonhoeffer in seiner Gefängnistheologie erhobene Forderung einer »weltlichen« oder »nicht-religiösen Interpretation biblischer Begriffe«.[44] Hat Bismarck am Ende Bonhoeffers Forderung – als dessen Vorläufer – bereits verwirklicht? Bonhoeffers Ausgangspunkt der Suche nach einer weltlichen Interpretation biblischer Begriffe ist die Beobachtung, dass in Kreisen der dialektischen Theologie und der Bekennenden Kirche keine wirkliche Ehrlichkeit im Hinblick auf den persönlichen Glauben herrscht. Dem will er durch seine Neuinterpretation des Glaubens entgegensteuern: »Die Kirche muß aus ihrer Stagnation heraus. Wir müssen auch wieder in die freie Luft der geistigen Auseinandersetzung mit der Welt. Wir müssen es auch riskieren, anfechtbare Dinge zu sagen, wenn dadurch nur lebenswichtige Fragen aufgerührt werden.«[45] Bei Bismarck lässt sich beobachten, dass er zeit seines Lebens schonungslos aussprach, was er glaubte oder nicht glauben konnte.

Die weltliche Interpretation ist bei Bismarck wie bei Bonhoeffer Ausdruck einer bestimmten Auffassung von Christsein. Dabei stimmt nachdenklich, dass auf Bismarcks Christsein manche der Charakteristika zutreffen, die Bonhoeffer in seinen Gefängnisbriefen im Hinblick auf ein weltliches Christsein entwickelte. Der christliche Gott war für Bonhoeffer – genau wie für Bismarck – nicht bloß ein Gott für die existenziellen oder intellektuellen Grenzsituationen des Menschen, wo dieser mit seiner eigenen Kraft nicht mehr weiterweiß, sondern ein Gott, der den Menschen in der Mitte seines Lebens betrifft: »Jesus nimmt das ganze menschliche Leben in allen seinen Erscheinungen für sich und das Reich Gottes in Anspruch.«[46] Bonhoeffer war überzeugt, dass es darum geht, Christ zu sein mitten in der Diesseitigkeit der Welt. Am 21.7.1944 – unmittelbar nach dem gescheiterten Attentat auf Hitler – schrieb er an seinen Freund und theologischen Gesprächspartner Eberhard Bethge: »Ich erfahre es bis zur Stunde, daß man erst in der vollen Diesseitigkeit des Lebens glauben lernt. Wenn man völlig darauf verzichtet hat, aus sich selbst etwas zu machen – sei es einen Heiligen oder einen bekehrten Sünder oder einen Kirchenmann (eine sogenannte priesterliche Gestalt!), einen Gerechten oder einen Ungerechten, einen Kranken oder einen Gesunden […] – dann wirft man sich Gott ganz in die Arme, dann nimmt man nicht mehr die eigenen Leiden, sondern die Leiden Gottes in der Welt ernst […] und so wird man ein Mensch, ein Christ.«[47] Die Diesseitigkeit will Bonhoeffer allerdings unterschieden sehen von der »platten und banalen Diesseitigkeit der Aufgeklärten, der Betriebsamen, der Bequemen oder der Laszziven«, und stattdessen als eine »tiefe Diesseitigkeit, die voller Zucht ist«,[48] verstanden wissen.

Bonhoeffer begründete das weltliche Christsein theologisch von der Menschwerdung Jesu Christi her: Weil Jesus Mensch war, darf auch der Christ schlicht Mensch sein. Von hierher rührte auch seine Liebe zum Alten Testament. Indem er das Alte Testament in den Vordergrund rückte, sollte verhindert werden, dass das Diesseits vorzeitig aufgehoben wurde: So wie Jesus sollte auch der Christ das irdische Leben ganz auskosten. »Nur indem er das tut, ist der Gekreuzigte und Auferstandene bei ihm und ist er mit Christus gekreuzigt und auferstanden.«[49] Auch Bismarcks Glaube wies, wie wir sahen, alttestamentliche Züge auf, was in dessen Gefälle zum Alltag hin begründet lag.[50]

Bismarcks Glaube besitzt ein pietistisches Fundament, gleichzeitig lässt sich eine Offenheit für Fragestellungen des Liberalismus erkennen. Manche Züge von Bismarcks Christsein erinnern an den Habitus des Kulturprotestanten.[51] Dass der Reichskanzler sich dem pietistischen Glaubensverständnis bis ins Alter verbunden fühlte, belegt die Aufnahme eines Gesprächs, das er mit dem späteren Kaiser Wilhelm I. bereits 1853 geführt hat, in seine viel später erschienenen »Gedanken und Erinnerungen«: »Ich: ›Was denken Ew. K.H. sich unter einem Pietisten?‹ Er: ›Einen Menschen, der in der Religion heuchelt, um Karriere zu machen.‹ Ich: ›… Im heutigen Sprachgebrauch versteht man unter einem Pietisten etwas andres, nämlich einen Menschen, der orthodox an die christliche Offenbarung glaubt und aus seinem Glauben kein Geheimnis macht, und deren gibt es viele, die mit dem Staate gar nichts zu tun haben und an Karriere nicht denken.‹ Er: ›Was verstehn Sie unter orthodox?‹ Ich:

›Beispielsweise jemanden, der ernstlich daran glaubt, daß Jesus Gottes Sohn und für uns gestorben ist als ein Opfer, zur Vergebung unsrer Sünden. …‹ Er, hoch errötend: ›Wer ist denn so von Gott verlassen, daß er das nicht glaubt!‹ Ich: ›Wenn diese Äußerung öffentlich bekannt würde, so würden Ew. K. H. selbst zu den Pietisten gezählt werden.‹[52]

Eine Nähe zu einem liberalen Glaubenshabitus wird in Berichten von Menschen erkennbar, die Bismarcks engerer persönlicher Umgebung angehörten.[53] So ließ er sich von niemandem vorschreiben, welche religiösen Fragen er stellen durfte und welche nicht. Dabei scheint ihn in den letzten Lebensjahren u. a. die Frage umgetrieben zu haben, wie sich die Unvollkommenheit der Welt mit der Vollkommenheit Gottes in Übereinstimmung bringen ließ, ohne dass er zu einer befriedigenden Erklärung gekommen wäre. Seine Idee, dass Gott die Welt mithilfe weniger vollkommener Geister regiere, rief bei seinen Gesprächspartnern heftigen Widerspruch hervor. Zum Liberalismus in Glaubensdingen gehörte auch Bismarcks Kampf gegen jede Form von »politischer Religion« im Sinne von Glaubenszwang.

Dass Bismarcks Glaube eine Entwicklung durchmachte, spricht in meinen Augen nicht gegen seine Echtheit, sondern belegt stattdessen seine Vitalität. Nicht lange nach seiner Bekehrung heißt es in einem Brief an die Braut: »Ich habe das Vorstehende bloß um der Offenheit willen ausgesprochen und nicht als ein Resultat, welches ich im Glauben gewonnen hätte, sondern als eine Station, auf der ich mich grade befinde und von der mir Gott weiter helfen wird, wie er mir bisher geholfen hat.«[54] Auf eine lebendige Entwicklung seine Glaubenslebens deutet auch die Unterschiedlichkeit der Anzahl von Einträgen in den Losungsbüchern: Es gibt – politisch bewegte – Lebensphasen, in denen sich Notizen und Anstreichungen häufen. Genauso finden sich während längerer Phasen keinerlei Notizen oder Anstreichungen. Das gilt vor allem für politisch ruhigere Zeiten, aber auch für die letzten Amtsjahre und erst recht für die letzten Lebensjahre nach Bismarcks Entlassung durch Kaiser Wilhelm II. Während anderer Phasen fehlen die religiös konnotierten Anmerkungen und Markierungen, und es finden sich nur solche weltlicher Natur.

Bismarck stellte mit Bedauern fest, dass sein persönlicher Christusglaube im Laufe seines Lebens in den Hintergrund getreten war. Im vertraulichen Gespräch mit einem persönlichen Freund, Alexander Graf von Keyserling, sagte der entlassene Reichskanzler Ende März 1890 bei dessen Besuch in Friedrichsruh (Keyserling gibt Bismarcks Aussage in indirekter Rede wieder): »Leider sei er während der Kämpfe der letzten Jahre dem Herrn ferner gerückt. Gerade jetzt in der schweren Zeit, die er durchlebe, empfinde er diese Ferne schmerzlichst. Er habe aber Gott gebeten, ihn nicht von dieser Erde zu nehmen ohne ihm die glaubensinnige Stellung zu Christus wiedergegeben zu haben. Hier in der Zurückgezogenheit, fern dem öffentlichen Leben, im trauten Zusammenhang mit seiner Johanna hoffe er den alten kostbaren Besitz wieder zu erlangen.«[55] Wenige Tage vor seinem Tod hörte Bismarcks Tochter ihn beten: »O Gott, nimm mein schweres Leiden von mir oder nimm mich auf in Dein himmlisches Reich. Behüte meine Geliebten und behüte auch mein Land und laß es nicht verloren gehen!«[56]

»Welch ein Wort für mich!« Jochen Kleppers (1903–1942) Gebrauch der Losungen

Jochen Klepper, © akg-images

Jochen Klepper war neben Dietrich Bonhoeffer der berühmteste Losungsleser im 20. Jh. Heute ist er vor allem wegen seiner Lieder im Evangelischen Gesangbuch bekannt, deren Beliebtheit nach dem Zweiten Weltkrieg kontinuierlich gestiegen ist. Kleppers Leseverhalten gegenüber den Losungen veränderte sich im Laufe seines Lebens. Das zeigt sein Tagebuch aus den Jahren von 1932 bis 1942, posthum veröffentlicht unter dem Titel »Unter dem Schatten deiner Flügel«.[1] Während er die Losungsverse anfangs nur sporadisch über die täglichen Eintragungen schrieb, finden sie sich später durchgehend als Überschriften des Tages. Die Losungen erhalten einen unverzichtbaren Platz im Tagesablauf des Dichters.

Zur Biografie: Mensch, Christ, Dichter, Preuße

Mensch

Kleppers äußeres Leben ist schnell erzählt.[2] Er wurde 1903 in Beuthen an der Oder in Niederschlesien geboren, wo der Vater Pfarrer war. Nach dem Theologiestudium in Breslau, das er ohne Examen beendete, arbeitete er zunächst als Journalist für Zeitungen und Rundfunk, bevor er versuchte, als freier Schriftsteller zu leben. Nach der Heirat mit der verwitweten Hanni Stein, geb. Gerstel, die zwei Töchter in die Ehe mitbrachte, wohnte er seit 1931 in Berlin. Aufgrund seiner jüdischen Frau wurde er nach der Machtergreifung Hitlers mehr und mehr in seiner Arbeit behindert. Dennoch konnte 1937 sein Roman »Der Vater«[3] erscheinen, durch den Klepper in Deutschland als Schriftsteller berühmt wurde.

1938 veröffentlichte er im »Kyrie«[4] eine Sammlung geistlicher Lieder, die sehr bald zum großen Teil vertont wurden. Als der Abtransport der jüngeren Tochter in ein KZ unmittelbar bevorstand, beging Klepper mit Frau und Tochter 1942 Selbstmord.

Sein Leben lang war Klepper ein Kranker. Viele Passagen seines Tagebuchs »Unter dem Schatten deiner Flügel« zeigen, wie stark er von depressiven Stimmungen heimgesucht wurde. Man wird ihn als Person, aber auch sein Werk kaum verstehen, wenn man diesen Hang zur Schwermut nicht berücksichtigt. Während seines Studiums ist Kleppers Depression in einer Neurose durchgebrochen. Er musste damals eine Kur absolvieren und das Studium unterbrechen.

Neben der Schwermut war die Einsamkeit eine Grundsignatur seiner Existenz. Für Klepper war Freundschaft immer »hart am Rande des Chaos angesiedelt«.[5] Zu große Nähe zu Menschen, einmal abgesehen von der Nähe zu seiner mütterlichen Frau, brachte ihn aus dem mühsam errungenen Gleichgewicht des Lebens. Klepper wurde – wie aus den Tagebüchern deutlich wird –, zeit seines Lebens vom Zwiespalt zwischen der Hinwendung zur Arbeit oder zum Menschen gequält. Letztendlich entschied er sich für die Arbeit, für das Werk. Das wird exemplarisch sichtbar an seiner Beziehung zu dem Dichter Reinhold Schneider. Dass sich die Freundschaft zu diesem nur in Ansätzen zu entwickeln vermochte, hing mit dem Wesen beider Schriftsteller zusammen. Klepper, genau wie Schneider, war nicht fähig, sein Wesen einer anderen Person mitzuteilen. Er konnte das Innerste seiner Existenz nur in sein Werk hinein aufschließen.

Christ

Grundlegend für das Verständnis von Kleppers Christsein ist ein Lutherzitat, auf das er mehrfach hinweist. Es findet sich m.W. erstmals in einem Tagebucheintrag am 19.10.1932: »Gott reißt das Übel nicht von der Person, sondern die Person vom Übel« (27).[6] Man muss den Satz eine Weile meditieren, um zu verstehen, was damit gemeint ist. Luther geht davon aus, dass Gottes Heilshandeln, seine Erlösung für diese Welt, nicht darin besteht, dass er das Übel aus dieser Welt entfernt, sondern dass er umgekehrt die Person, den Menschen, spätestens durch den Tod vom Übel der Welt trennt. Das Lutherzitat knüpft an Bibelworte an, die davon ausgehen, dass Gott den Menschen nicht vor Leiden und Not bewahrt, sondern ihm darin beisteht. In Jes 43,2 heißt es: »Wenn du durch Wasser gehst, will ich bei dir sein, dass dich die Ströme nicht ersäufen sollen; und wenn du ins Feuer gehst, sollt du nicht brennen, und die Flamme soll dich nicht versengen.« Gott erspart Menschen nicht, in Wasserströme zu geraten; aber er lässt sie darin nicht untergehen. Genauso wenig erspart er das Feuer; aber er bewahrt davor, darin zu verbrennen! Dass Gott das Übel nicht von der Person reißt, sondern die Person vom Übel, meint: Gott ist gerade im Leiden zu finden. Christen sind dem Leiden nicht gnadenlos ausgeliefert; Gott steht ihnen darin zur Seite.

Dichter

Mit dem Christsein ist für Klepper die Berufung zum Dichtersein verbunden. Wie sah der Auftrag aus, dem er sich im Laufe seines Lebens immer deutlicher verpflichtet fühlte? Im Roman »Der Vater« hat er sich indirekt dazu geäußert. Die Biografie des Soldatenkönigs war für Klepper das Medium, sein eigenes Erleben zu deuten.[7] In einer ergreifenden Szene wird beschrieben, wie König Friedrich Wilhelm I. sterbenskrank daniederliegt. Darin gibt Klepper seine eigene Erfahrung wieder: »Der Pastor hatte nun nicht minder oft als der Leibarzt des Königs an Sterbebetten gestanden. Der vor ihm war kein Sterbender. Es war noch nicht das Stillewerden der Erfüllung. Die erste Stille war es, ohne die kein Schaffender beginnen kann: der Verzicht auf allen Glauben an die eigene Kraft, auf das Vertrauen auf den eigenen Plan; auf Lohn, Verdienst, Vollendung und Bestand; auf die Enthüllung des Sinnes, der nicht erkannt und nur geglaubt sein darf. Die erste Stille war es, in der Gott zu reden beginnt mit dem Menschen.«[8] Klepper hat selbst erfahren, dass die Enthüllung des Lebenssinns nicht erkannt, sondern nur geglaubt werden kann. Wie Martin Luther ist er überzeugt, dass Gott den Menschen wie einen Ackergaul führt, der Scheuklappen trägt. Gerade die äußere Ungewissheit ist für Klepper die Voraussetzung dafür, dass Gott mit einem Menschen zu reden beginnt. Erst wenn der Mensch aufgehört hat, sein Leben selbst bestimmen zu wollen, kann Gott durch ihn wirken. Kleppers Tagebuch zeigt, wie er paradoxerweise während der Arbeit am Roman »Der Vater«, durch den er berühmt werden sollte, bewusst darauf verzichtet, ein bleibendes Lebenswerk zu schaffen. Zur Berufung durch Gott gehört, dass sie zunächst zum Ende der eigenen Möglichkeiten führt – auch zum Ende des eigenen Ehrgeizes.

Jochen Klepper steht in der Tradition derjenigen, die ihr eigenes Schöpfertum dem Schöpfer widmeten, wie Reinhold Schneider es einmal ausdrückte. Klepper gehört damit in eine Reihe mit protestantischen Künstlern wie Rembrandt, Paul Gerhardt, Johann Sebastian Bach und Caspar David Friedrich, um nur eine kleine Auswahl zu nennen. Klepper selbst hat sich in der Linie der alttestamentlichen Propheten gesehen. Als von Gott Ergriffene, konnten sie nicht anders, als ihre Gaben in den Dienst Gottes zu stellen. Das belegt Kleppers Gedicht »Der Prophet«:

Der Prophet 2

Kein Prophet sprach: »Mich Geweihten sende!«
Eingebrannt als Mal war es in allen:
Furchtbar ist dem Menschen, in die Hände
Gottes des Lebendigen zu fallen.

Kein Prophet sprach: »Mich Bereiten wähle!«
Jeder war von Gottes Zorn befehdet.
Gott stand dennoch jedem vor der Seele,
wie ein Mann mit seinem Freunde redet.

Kein Prophet sprach: »Gott, ich brenne!«
Jeder war von Gott verbrannt.
Kein Prophet sprach: »Ich erkenne!«
Jeder war von Gott erkannt.[9]

Gott selbst ruft den Menschen in seinen Dienst. Mit Worten aus Kleppers Tagebuch: »Gar nichts ist in der Kunst für mich geblieben, seit Lockerung [sic!] und Ehrgeiz aufgehört haben, als das Gefühl einer drückenden Verpflichtung … Man darf sich nicht hinzudrängen, wo man nicht gerufen ist« (14.7.1934, 197).

Klepper ist sich bewusst, dass Gott in ihm einen Menschen mit vielen Schwächen zum Dichter bestimmt hat. Das kommt im Tagebuch an vielen Stellen zum Ausdruck: »Nun kommt die große Angst, daß alles, alles das nicht einen Schritt auf die Kunst zuführt. Nun folge ich allein dem egoistischen Wunsch, in diese Sphäre des Ernstes zu dringen, der allein das Leben erträglich macht. Ich nehme dafür Opfer an, ich verleugne meine finanziellen Wünsche, meinen Ehrgeiz – und weiß nicht im Mindesten, ob das Talent überhaupt da ist, das mich in jenen Bezirk führen muß« (15.4.1934, 171). Der Klepper von Gott zuteilgewordene Auftrag zum Dichtersein bleibt angefochten. Er kann ihn nur immer neu erglauben. Dabei hilft ihm seine Lutherlektüre: »Ich fand heut Luthers Brief an Melanchthon vom 27.6.1530: ›Deinen jämmerlichen Sorgen, von denen du, wie du schreibst, verzehrt wirst, bin ich von Herzen feind. Daß sie in deinem Herzen so herrschen, kommt nicht von der Größe der Sache, sondern von der Größe unseres Unglaubens … Aber laß die Sache groß sein: Groß ist auch der, der sie führt und veranlaßt; denn es ist nicht unsere Sache. Warum quälst du dich so beständig und ohne Ruhe? Ist die Sache falsch, so wollen wir widerrufen. Ist sie wahr, warum machen wir den trotz seiner hohen Verheißungen zum Lügner, der uns befiehlt, unser Herz soll sorglos wie im Schlafe sein?« (15.7.1934, 197). Der seelsorgerliche Rat Luthers an den sorgenerfüllten Melanchthon beim Augsburger Reichstag hilft Klepper, der eigenen Sorge die Tür zu weisen. Luther ermöglicht ihm, die eigene Situation im Lichte der Bibelworte zu deuten: »Wirf deine Sorge auf den Herrn!«; »Der Herr ist nahe allen, die bekümmerten Herzens sind, die ihn anrufen.« Klepper fährt im gleichen Tagebucheintrag mit einer Erklärung fort, warum ihm Luther so nahesteht: »Mit den Worten Luthers ist es wie mit denen der Bibel: man glaubt sie zu sich selbst gesprochen, fühlt sich allerpersönlichst angeredet.«

Preuße

Kleppers Preußentum ist immer wieder kritisch infrage gestellt worden. Man warf ihm vor, Nationalist gewesen zu sein. Dagegen spricht schon eine Tagebuchaussage vom 31.7.1934. Kein deutscher Nationalist hätte 1934 formuliert: »Berichte, persönliche, aus England: der Haß gegen Deutschland so groß wie 1914« (199). Im Anschluss daran folgt der Satz: »Und man muß mit dem Ausland statt mit der eigenen Regierung fühlen und fürchtet sich selbst, das niederzuschreiben« (199). Der Satz offenbart, dass sein Schreiber längst das Unrecht des Nationalsozialismus durchschaut hat und wünscht – obwohl sich sein Nationalgefühl dagegen sträubt –, dass die Sache des Auslands recht behält. Kleppers Preußentum darf also nicht verwechselt werden mit seiner Karikatur durch den Nationalsozialismus.

Ruth von Wedemeyer, Dietrich Bonhoeffers Schwiegermutter, Gutsbesitzerfrau aus der Neumark, beschreibt in klassischer Weise die Charakteristika der preußischen Gesinnung, denen sich Klepper verpflichtet fühlte: »Sie bedeutete, mehr zu sein als zu scheinen, die eigene Person hinter der Sache und dem Werk verblassen zu lassen. Sie bedeutete den Geist der Einfachheit und Bescheidenheit, die Absage an jede Angeberei, ja auch an Luxusentfaltung und an jede Bereicherung auf Kosten des Staatswohles oder des Volkes.«[10] Tatsächlich war der preußische Staat in seiner Haushaltsführung bis zu Wilhelm II. bescheiden, äußerst einfach und sparsam. Erst von da an setzte die Luxus- und Prunkentfaltung ein. Ruth von Wedemeyer fährt fort: »Es war jene Gesinnung, die sich berufen und verpflichtet fühlte, Tag und Nacht danach zu forschen, was zu des Königs und des Vaterlands Heil geschehen und verhindert werden muß, jene innige Verflochtenheit mit dem Volk, das von Gott in allen seinen Schichten und Ständen mit der Bestimmung zur Einheit geschaffen worden war, jene Bereitschaft, das Recht im Lande weit über den eigenen Vorteil und das eigene Wohlergehen zu erheben.« Dann kommt ein Satz, der als Charakterzug des Preußentums weithin in Vergessenheit geraten ist, aber gerade für Klepper maßgeblich war: »Es war die Freiheit, furchtlos in unmittelbarem Kontakt mit Gott zu leben [das ist das Erbe des Pietismus im Preußentum seit dem Soldatenkönig] und bereit zu sein, diese Überzeugung zu bekennen.«

Einflüsse der Herrnhuter Brüdergemeine auf Kleppers Spiritualität

Für Kleppers Spiritualität gilt, was bis zum Zweiten Weltkrieg für eine Vielzahl evangelischer Theologen in Preußen zutraf: Sie wurde mittelbar oder unmittelbar von der Herrnhuter Brüdergemeine beeinflusst.[11] Dafür waren bei Klepper mehrere Gründe verantwortlich. Kleppers Familie besaß enge Verbindungen zur Brüdergemeine. Die Großmutter väterlicherseits war Herrnhuterin. Der Vater wurde in Herrnhuter Tradition erzogen und studierte ein Jahr lang am Theologischen Seminar der Brüdergemeine in Gnadenfeld, woher seine pietistisch geprägte Theologie stammte.[12] Eine der Schwestern Kleppers besuchte eine Mädchenschule der Brüdergemeine, wahrscheinlich in Neusalz an der Oder, nur wenige Kilometer von Beuthen entfernt. In einem Brief an eine Lehrerin der Brüdergemeine schrieb Klepper 1938: »Gerade in Ihrem Kreise Leserinnen zu haben, freut mich besonders. In meinem Arbeitszimmer hängt das Bild meiner Großmutter, die aus der Brüdergemeine stammt; mein Vater hat in ihr studiert; meine Schwester ist in ihr erzogen. Und was die Losungen der Brüdergemeine bedeuten, wissen wir ja wohl alle.«[13]

Von seinem Selbstverständnis her zählte sich Klepper zu den »Stillen im Lande« – ein Ausdruck, der auf Ps 35,20 zurückgeht. Zwar bereits von Zinzendorf selbst verwendet, veränderte sich die Bedeutung des Begriffs nach dem Tod des Grafen in charakteristischer Weise. War er beim Grafen nur auf die außerhalb der Ortsgemeinden lebenden Freunde der Brüdergemeine bezogen, avancierte er im Lauf der Zeit mehr und mehr zur Selbstbezeichnung sämtlicher Mitglieder der Brüdergemeine.[14] Ihr Ideal war, auch in Verfolgungen auszuharren, ohne Widerstand zu leisten, und allein durch Demut und Leiden Zeugnis abzulegen von ihrem Glauben. Wie stark sich Klepper mit der Frömmigkeitsform der »Stillen im Lande« identifizierte, zeigt die Tatsache, dass er noch 1938 mit seiner Frau Hanni erwog, von Berlin wegzugehen und in die schlesische Brüdergemeine Gnadenfrei zu ziehen: »Gerade in dieser Woche haben Hanni und ich es immer wieder besprochen, ob wir nicht von Berlin weggehen. Und da gibt es wohl nur eine Form des ›evangelischen Klosters[‹]: die Brüdergemeinde [sic!], und zwar Gnadenfrei … von dort stammt meine Familie.«[15] Aufgrund seines Selbstverständnisses, zu den »Stillen im Lande« zu gehören, stand Klepper der Bekennenden Kirche kritisch gegenüber. Am 17.2.1940 hielt er im Tagebuch fest: »Ein sieben Seiten langer Brief von Generalsuperintendent Dibelius, neben manchen sehr brauchbarem Kritischem zu meinen Liedern so viel Trennendes in Sachen Bekenntniskirche. Sie sind ja alles andere als die ›Stillen im Lande‹ als die ›urchristliche Gemeine‹. Sie wissen ja gar nicht, was unentrinnbares, von Gott her notwendiges Leiden ist. Sie haben den Blick für Volk und Gemeinde verloren. Sie richten Mauern auf, und über allem kämpferischen Bekenntnis schweigt die Verkündigung der Botschaft der Liebe« (851).[16]

Jeder, der sich mit dem Schicksal Kleppers näher befasst, stellt sich irgendwann die Frage, wieso er angesichts der zunehmenden Bedrohung seiner jüdischen Ehefrau und seiner beiden Stieftöchter Nazi-Deutschland nicht rechtzeitig verlassen hat. Dafür waren sicherlich mehrere Ursachen verantwortlich. Neben seinem Selbstverständnis als Preuße, unter dem Feind ausharren zu müssen, gehörte dazu auch die Tatsache, dass er von seiner Schriftstellerei leben musste: Wer aber würde einen deutschen, noch dazu einen dezidiert preußisch geprägten Dichter im Ausland lesen und verstehen? Das war ein Problem, vor dem die meisten deutschen Schriftsteller im Hinblick auf eine mögliche Emigration standen. Entscheidende Ursache dafür, wieso Klepper die Emigration letztlich nicht ernsthaft ins Auge fasste, war sein Selbstverständnis, zu den »Stillen im Lande« zu gehören. Das beinhaltete für ihn, bei seinem Volk auszuharren, koste es, was es wolle. Für die Erkenntnis, dass Christsein die bewusste Bejahung des Leidens einschließt, berief Klepper sich auf die Urgemeinde. Tatsächlich hält das Neue Testament fest: »Wir müssen durch viele Bedrängnisse in das Reich Gottes eingehen« (Apg 14,22). Allerdings übersah Klepper die andere Seite des Umgangs mit Leiden. Neben der Ergebung steht der Widerstand, wie er z. B. daran sichtbar wird, dass Paulus sich nach seiner Gefangennahme in Jerusalem (Apg 22,25) auf sein römisches Bürgerrecht beruft. Problematisch ist auch Kleppers Gleichsetzung der kirchlichen Situation unter den Nazis mit derjenigen der Urgemeinde im Römischen Reich: War die christliche Gemeinde am Anfang eine winzige Minderheit, gehörte im Dritten Reich fast die gesamte Bevölkerung zu einer der beiden großen christlichen Kirchen. Von daher hatte die Kirche auch in politischer Hinsicht eine ganz andere Verantwortung als zur Zeit ihrer Entstehung.

Leben als Prozess »vom Begreifen eines Bibelwortes bis zum Begreifen des anderen«

»Ich wage nicht anzuerkennen, was in mir vorgeht – das Leben vom Begreifen eines Bibelwortes bis zum Begreifen des anderen« (1.1.1933, 33 f). Aus Kleppers Tagebuchaufzeichnungen geht hervor, dass Tagebuch und Bibel die beiden Dinge waren, die ihm unter dem immer stärker werden Naziterror ermöglichten, weiterzuleben.[17] Beide halfen ihm, das eigene Leben im Licht des Wortes Gottes zu deuten. Das war auch der Grund dafür, wieso er vorher nur gelegentlich, seit dem Sommer 1934 regelmäßig meist die alttestamentliche Losung, bisweilen auch den neutestamentlichen Lehrtext aus dem Herrnhuter Losungsbuch quasi als Überschrift den eigenen Gedanken im Tagebuch voranstellte. Oft waren es auch von Klepper selbst ausgewählte Bibelstellen, die er manchmal sogar selbst aus dem Urtext übersetzte (z. B. am 24.12.1934, am 13. und 14.1.1942).[18]

Die regelmäßige Praxis der Schriftmeditation wurde für ihn in dieser Zeit zum Lebenselixier. Währenddessen bedachte er die Alltagserfahrungen, aber auch das Leben insgesamt im Licht des Wortes Gottes. »Ich weiß nur das eine: daß die Anrede Gottes an den Menschen durch das Wort der Schrift, daß die Spiegelung aller Lebensvorgänge in solcher Anrede der Hauptinhalt meines Lebens ist« (13.3.1935, 242). Klepper brachte das alltägliche Erleben in Beziehung zu Gott, um vom Wort Gottes die

Deutung für das, was ihm widerfuhr, zu erhalten. »Mein Leben«, schrieb Klepper, »ist ein einziger religiöser Prozess« (1.1.1933, 33). Konkret wurde dieser religiöse Prozess in einem »Leben als Prozess vom Begreifen eines Bibelwortes bis zum Begreifen des anderen« (1.1.1933, 33f). Rückblickend scheint er selbst darüber verwundert gewesen zu sein, wie alltäglich sich dieser Prozess vollzog: »In einem arbeitsamen, nüchternen, nicht uninteressanten, überaus bürgerlichen Leben trotz des künstlerischen Berufes« (1.1.1933, 34). Kleppers Leben wurde durch die meditierende Auseinandersetzung mit Schriftworten zum spirituellen Entwicklungsprozess. Gerade darin konnte Klepper unabhängig von seinem Künstlersein zum Vorbild für alle werden.

Klepper war der Überzeugung, dass es die Aufgabe jedes Christen sei, Gott leidend zu loben: Der bereits mehrfach zitierte Tagebucheintrag schließt folgendermaßen: »Man weiß: Gott kann auf jeden Tag des neuen Jahres Leiden über Leiden häufen … Er wird reden. Das ist das einzige Versprechen über die Zukunft. Das Versprechen, das alles andere auslöscht, was als Idyll und als zäher Kampf meines Lebens unentwegt wechselt, sich ablöst, ineinander greift, nebeneinander läuft« (1.1.1933,34). Klepper vertraute darauf, dass Gott ihm im Leiden beistehen würde, indem er ihm sein Wort des Trostes zusprach. Daraus ergab sich konsequenterweise sein Lebensmotto: Dass ich ihn leidend lobe.[19] Am 15.2.1935 schrieb er in Aufnahme eines Gesangbuchverses, der unter der Losung stand: »… daß ich ihn leidend lobe, das ist's, was er begehrt« (242). Eine große Herausforderung – damals wie heute. Dahinter stand die Erkenntnis, dass es auf dem Weg des Glaubens darum ging, Gott um seiner selbst willen lieben zu lernen, und nicht um der Wohltaten willen, die er täglich erwies.

Weil Klepper sein Leben als wachsendes Verständnis für die Botschaft der Bibel interpretierte, wuchs die Bedeutung der Losungen für ihn. Dabei wird zu ihrer Attraktivität für ihn – angesichts der Ablehnung des Alten Testaments durch die Deutschen Christen – zusätzlich beigetragen haben, dass das Losungswort immer aus dem Alten Testament stammt.

Konkretionen: die Losungen als Gebets- und Lebenshilfe

Im Folgenden soll Kleppers Umgang mit den Herrnhuter Losungen näher betrachtet werden. Die Losungen fungieren für ihn als *Gebets- und Lebenshilfe*. Kleppers Tagebuch ist ein einzigartiges Dokument seines Gesprächs mit Gott. Am Anfang des Eintrags steht jeweils der Losungsvers. Durch das Bibelwort bzw. die Losung wird das Gespräch vonseiten Gottes eröffnet. Klepper antwortet darauf im Tagebucheintrag bzw. im Gebet. Martin Wecht spricht vom Tagebuch als »Bekenntnisbuch«.[20] Es ist aber mehr als das: Es stellt das Zeugnisbuch von Kleppers geistlichem Weg dar und gewährt einen intimen Einblick in Kleppers religiösen Entwicklungsprozess.[21] Dabei stellt sich sein geistlicher Weg wesentlich als Gebet dar. Der Dichter versteht das Gebet dialogisch. Das Tagebuch ist eine Art Weißbuch des Gesprächs, das Jochen Klepper und Gott geführt haben.

Dass Klepper das Gebet schwerfiel, zeigt folgender Tagebucheintrag, verfasst einen Tag, nachdem er wegen seiner früheren Mitgliedschaft in der SPD denunziert worden war und seine weitere Beschäftigung beim Rundfunk infrage stand: »Die seltenen, seltenen Gebete, die Gott einem gibt, weisen den Weg. Ich zweifle Gebete bis zum Äußersten an. Aber habe ich je gebetet, so war es gestern. … Gott kann mit einem reden, ›wie ein Mann mit einem Freunde redet‹. Das ganze Gespräch mit Gott war: Gelobt sei der ewige Gott. Wirst du bleiben? Ja. Auch wenn es schwer kommt? Ja. Frage und Antwort. Gelübde und Verheißung. Alles gibt Gott. Und ich lebe, um Gott zu erfahren« (60).

Die Losungen werden für Klepper mehr und mehr zur Gebetshilfe, indem sie ihn darin unterstützen, die eigenen Gedanken auf Gott hin auszurichten. Das lässt folgender Eintrag vom 22.1.1937 erkennen. Darüber steht als Losungswort: »Allein die Anfechtung lehrt aufs Wort merken« (Jes 28,19). Klepper notiert als Antwort: »Die Bibelworte sind in einem furchtbaren Maße wahr und wirklich und gegenwärtig. Über solchem Worte und Aspekten, die sich vor ihm auftun, geht ein Tag wie in schwerer Krankheit hin. Das Immer-Sündigen-Müssen: versöhnt mit Gott ihm widerstreiten, heimkehrend zu Gott seine Wege meiden zu müssen. Zu müssen: der Satan ist das einzige Wort, das es annähernd umschreibt. Bei Paulus und Luther steht alles« (417). Es ist die Erfahrung der eigenen Sünde, die des Sündigen-Müssens, die den Menschen dazu treibt, das Wort Gottes ernst zu nehmen.

Dabei erlebt Klepper die Losungen auch als *Lebenshilfe* angesichts privater und politischer Schwierigkeiten und Gefahren, die unter der Nazi-Diktatur für seine Frau und seine Stieftöchter je länger je mehr lebensbedrohliche Ausmaße annehmen. Kleppers eigener Lebenskreis wird immer enger. Voraussetzung dafür, dass die Losungen zur Lebenshilfe werden, ist ein bestimmtes Schriftverständnis. Klepper denkt dabei in den Bahnen der lutherischen Reformation und des älteren Pietismus. Am 25.10.1935 ist Jes 41,9f die Überschrift zum Tagebucheintrag: »Der ich dich gestärkt habe von der Welt Enden her und habe dich berufen von ihren Grenzen und sprach zu dir: Du sollst mein Knecht sein; denn ich erwähle dich und verwerfe dich nicht. Fürchte dich nicht, ich bin mit dir; weiche nicht, denn ich bin dein Gott. Ich stärke dich, ich helfe dir auch, ich erhalte dich durch die rechte Hand meiner Gerechtigkeit.« Klepper antwortet im Tagebucheintrag: »Dies sind die Worte, um deren Unfaßlichkeit willen man lebt, ohne die alles Verzweiflung und Stumpfheit wäre; und gäbe Gott sie nicht in unser Leben, so würde man krank und wirr verkommen. Denn alle Hoffnung, alles Selbstvertrauen, alle Kunst ist am Ende, und nichts ist geblieben als das Pochen auf die Schrift – nichts kann man Gott hinhalten als die Schrift. Te totum applica ad textum et textum applica ad te – das niemals zu begreifende Recht!« (302). »Wende dich ganz dem Text zu und wende den Text ganz auf dich an,« so Johann Albrecht Bengels berühmte Anweisung zur Bibellese.[22] Klepper begegnet der Bibel mit dem Vertrauensvorschuss, dass Gott tatsächlich durch den Text zu ihm reden will.

Im Tagebucheintrag vom 24.4.1939 geht Klepper noch einen Schritt weiter: Ausgehend von Bengels Grundsatz, wendet er die Losung aus 1. Mose 28,15 »Siehe, ich bin mit dir und will dich behüten, wo du hinziehst« unmittelbar auf die konkreten Lebensumstände seiner älteren Tochter an. Es ging an diesem Tag darum, ob Brigitte ein Visum zur Ausreise nach England erhalten würde: »Als die heutige Losung noch aufgeschlagen auf dem Schreibtisch lag, rief Brigitte an: Sie hat auf dem Britischen Konsulat das Visum erhalten. Noch ehe sie nach seinem Worte fragt, bietet Gott es ihr zu ihrem Schutze an« (757). Klepper ist sich allerdings der Gefahren eines solchen Bibel- bzw. Losungsgebrauchs bewusst. Die Losungen sind genauso wenig wie die Bibel ein Orakelbuch: »Nie mehr, glaube ich, werde ich Bibelworte auf einzelne Situationen des Lebens beziehen. Aber über dem ganzen Leben stehen sie und treiben es vorwärts, und keine Müdigkeit, Enttäuschung, keine Wut kann dagegen an« (1.6.1934, 188). Bibelworte müssen immer im Kontext, im Rahmen des gesamtbiblischen Zusammenhangs gehört werden. Nur so kann verhindert werden, dass sie lediglich zur Bestätigung der eigenen mehr oder weniger frommen Wünsche dienen.

In dieser Zeit bewähren sich auch die sog. Dritttexte unter Losung und Lehrtext. Die Gesangbuchverse werden für Klepper zur Sprachhilfe, die es ihm ermöglichen, die eigenen, letztlich unlösbaren Schwierigkeiten zum Ausdruck zu bringen. Der Tagebucheintrag vom 5.9.1933 beginnt mit dem Lehrtext: »Sehet zu, wachet und betet; denn ihr wisset nicht, wann es Zeit ist« (Mk 13,33). Klepper zitiert dann den Liedvers aus der Losung: »Dazu steht in der Losung: Wer kann dich Herr verstehen? Wer deinem Lichte nahn? Wer kann den Ausgang sehen von deiner Führung Bahn? Du lösest, was wir binden, du stürzest, was wir baun. Wir können's nicht ergründen. Wir können nur vertrauen« (104). In der Fortsetzung des Eintrags heißt es: »Wenn die wichtigsten Dinge in einem geschehen, so flieht man in die Worte anderer, weil man sich vor den eigenen Worten scheut« (104).

Erkenntnis der Verborgenheit Gottes: Sterben im Angesicht des segnenden Christus

Ein Nachdenken über Kleppers Umgang mit den Losungen kann nicht absehen von seinem Lebensende. Erstaunlicherweise wurde der Suizid Kleppers zusammen mit seiner Frau und seiner jüngeren Tochter Renate in der christlichen Gemeinde von Anfang an von niemandem verurteilt – wie es in dieser Zeit angesichts anderer Fälle von Suizid durchaus noch üblich war. Es war, wie Reinhold Schneider schrieb, ein »Selbstmord im Glauben«.[23] Viele wussten, dass die Kleppers der Deportation und Ermordung ihrer Tochter durch die Nazis in einem KZ zuvorkommen wollten. Seit der Zustellung des Deportationsbescheids für Renate im November 1941 hatte Jochen Klepper über ein Jahr lang buchstäblich bis zur letzten Minute versucht, sogar durch persönliche Intervention beim Reichsinnenminister Frick und bei Adolf Eichmann vom Reichssicherheitsdienst, der jüngeren Tochter die Ausreise nach Schweden zu ermöglichen.[24]

Die letzten Tagebucheintragungen sind das Dokument einer Tragödie klassischen Ausmaßes (bes. 1129–1133). Im Hinblick auf Kleppers Umgang mit den Losungen sind sie deshalb bedeutsam, weil Klepper auch in diesen Tagen seine Situation im Licht der Losungsworte und anderer Bibelworte betrachtete. Luthers Theologie, die Gottes Wesen und Wirken mit Hilfe von großen Paradoxien zu beschreiben versucht, die rational nicht auflösbar sind, erweist sich im Hinblick auf das letzte Lebensjahr und insbesondere auf die letzten Lebenstage Kleppers als wichtige Verstehenshilfe. Neben Gottes Liebe steht für Luther Gottes Gerechtigkeit, neben Gottes Barmherzigkeit steht Gottes Zorn, neben Gottes Gnade steht Gottes Gericht und vor allem: neben dem deus revelatus, dem offenbaren Gott, der der Menschheit in Jesus Christus sein liebendes Antlitz zeigt, steht der deus absconditus, Ausdruck für die fremde, die unverständliche und rätselhafte Seite Gottes.

Viele Tagebucheinträge dokumentieren Kleppers Ringen mit der rätselhaften Seite Gottes. Am 21.3.1939 wurde bekannt, dass der Nazistaat neue Sondersteuern beschlossen hatte, die das von Klepper – durch Einnahmen aus dem Buch »Der Vater« – Ersparte vernichteten. Im Tagebuch thematisiert er seine Zweifel an Gottes Güte und Fürsorge, die durch den Bibelvers über dem Eintrag – »Aber ich weiß auch noch, daß, was du bittest von Gott, das wird dir Gott geben« (Joh 11,22) – ausgelöst wurden: »Und ein anderes Leben als in Christo kann nicht helfen. An die Macht dieses Gebetes aber soll man denken, wenn einem die alte murrende und zweifelnde Frage auf die Lippen kommt: ›Warum hast du uns aus Ägypten geführt, daß wir sterben in der Wüste?‹ (4. Mose 21,5). Diese Frage darf nicht sein« (744). Klepper weist die Warum-Frage angesichts des neuen Schicksalsschlages ab, weil sie unfruchtbar ist. Es geht ihm darum, durch ein Ja zum auferlegten Leiden zu einem schöpferischen Umgang mit diesem zu finden.

Das schließt die Klage, ja selbst die Anklage gegen Gott nicht aus, wie ein anderer Tagebucheintrag vom 4.12.1941 zeigt. Er stammt aus der Zeit, unmittelbar nachdem der Deportationsbescheid für die Tochter Renate zugestellt worden war. »Mit Christus bete ich Tag um Tag: ›Dein Wille geschehe!‹ Aber mein Menschenherz spricht dazu: ›Das bist du nicht, Vater –.‹ Über dem allen gilt für mich allein: ›Da dachte ich: Wohlan, ich will sein nicht mehr gedenken und nicht mehr in seinem Namen predigen. Aber es ward in meinem Herzen wie ein brennendes Feuer, in meinen Gebeinen verschlossen, daß ich's nicht leiden konnte, und wäre schier vergangen‹ Jeremia 20,9« (996). Das Vorbild des Propheten Jeremia gibt Klepper die Kraft, in dieser Situation am Glauben an Gott und an seiner Berufung in dessen Dienst festzuhalten.

Der drittletzte Eintrag im Tagebuch stammt vom 8.12.1942. Er ist ziemlich genau ein Jahr später als der soeben zitierte entstanden und stellt einen der längsten Einträge überhaupt dar. Die Entscheidung, ob Renate eine Ausreisegenehmigung erhalten oder deportiert werden wird, steht unmittelbar bevor. Klepper erfährt an diesem Tag anlässlich einer persönlichen Audienz beim Reichsinnenminister Frick, dass dieser darüber nicht mehr selbst entscheiden kann. Allein Adolf Eichmann vom Reichssicherheitsdienst hat dazu noch die Macht. Eichmann war von 1940–1945 Leiter des für die Judenvernichtung zuständigen Referats im Reichssicherheitshauptamt. Als solcher war er verantwortlich für die »Endlösung der Judenfrage«. Frick hatte Klepper eine Privatunterredung mit Eichmann für den nächsten Tag vermittelt, die die endgültige Entscheidung bringen sollte. Über dem Tagebucheintrag notiert Klepper 2. Thess 1,10: »Unser Herr Jesus Christus wird kommen, daß er herrlich erscheine mit seinen Heiligen und wunderbar mit allen Gläubigen.« Er schreibt dazu: »Wird mich in dem Abgrund, der sich vor uns nun mit endgültiger Klarheit auftut, das zweite Wort der heutigen Losung noch erreichen: ›Sei getrost und sei ein Mann und warte des Dienstes des Herrn, deines Gottes?‹ Des Dienstes des Herrn, meines Gottes –,« (1129f). Ausdrücklich hält Klepper hier fest, dass Gott *sein* Gott ist. Im weiteren Verlauf der Überlegungen lotet er mit hellsichtiger Klarheit die Grenze des für ihn Erträglichen aus: Er und seine Frau wären bereit, wenn unbedingt nötig, die Trennung – allerdings ohne Scheidung – auf sich zu nehmen (1131). Klepper würde Hanni ohne ihn emigrieren lassen, wenn sich eine Möglichkeit dazu auftäte. Er wäre bereit, auch einen natürlichen Tod von Hanni und Renate widerspruchslos aus Gottes Hand anzunehmen (1132). Die Grenze liegt in der Deportation – Klepper scheint zu wissen, dass diese den Tod in der Gaskammer bedeutet: »Gott weiß, daß ich es nicht ertragen kann, Hanni und das Kind in diese grausamste und grausigste aller Deportationen gehen zu lassen. Er weiß, daß ich ihm dies nicht geloben kann, wie Luther es vermochte: ›Nehmen sie den Leib, Gut, Ehr, Kind und Weib, laß fahren dahin –.‹ Leib, Gut, Ehr – ja! Gott weiß aber auch, daß ich alles von ihm annehmen will an Prüfung und Gericht, wenn ich nur Hanni und das Kind notdürftig geborgen weiß« (1131). Erstaunlich ist, dass im Tagebucheintrag ein Hoffnungsstrahl aufleuchtet, selbst wenn der Suizid als letzter Ausweg übrig bliebe: »Gott ist größer als unser Herz. – Das Wort soll uns noch in den Tod begleiten« (1132). Klepper zitiert hier ein Bibelwort aus 1. Joh 3,20, das für Martin Luthers Gottesverständnis große Bedeutung besaß: »cor accusator – deus defensor.« »Das

Herz ist Ankläger – Gott ist Verteidiger.« Selbst wenn das eigene Herz einen verklagt, ist Gott in seiner Bereitschaft zu vergeben noch größer.

Am nächsten Tag, dem 9.12.1942, fährt Klepper zum Reichssicherheitshauptamt. Eichmann sagt zu ihm: »Ich habe noch nicht mein endgültiges Ja gesagt. Aber ich denke, die Sache wird klappen« (1132). Am kommenden Nachmittag soll er wiederkommen, um den endgültigen Bescheid in Empfang zu nehmen (1133). Über dem Tagebucheintrag dieses Tages steht – kommentarlos – Lk 18,8: »Wenn des Menschen Sohn kommen wird, meinst du, daß er auch werde Glauben finden auf Erden?« Im Text selbst zitiert Klepper – ebenso kommentarlos – Ps 126,1: »Wenn der Herr die Gefangenen Zions erlösen wird, so werden wir sein wie die Träumenden.« Trost empfängt der Dichter in dieser Situation unerträglicher Spannung aus der Natur. Sie wird ihm zum Sinnbild für das Mitleiden des Himmels: »Diese stillen, stillen, dunklen, trüben Tage. So lind, so voller Trauer des Himmels« (1132).

Der letzte Tagebucheintrag vom 10.12.1942 lautet: »Nachmittags die Verhandlung auf dem Sicherheitsdienst. Wir sterben nun – ach, auch das steht bei Gott – Wir gehen heute nacht gemeinsam in den Tod. Über uns steht in den letzten Stunden das Bild des Segnenden Christus, der um uns ringt. In dessen Anblick endet unser Leben« (1133). Jochen Klepper überlässt das Urteil über ihr Handeln Gott. Gleichzeitig ist er überzeugt: Auch der Suizid zusammen mit Frau und Tochter liegt in Gottes Hand. Indem sie mit dem Blick auf den segnenden Christus sterben, hofft Klepper auf Gottes Gnade für sich und Frau und Tochter. Denn es ist derselbe Christus, der nicht anders um sie als um alle anderen Menschen ringt. An dieser Stelle zeigt sich zum letzten Mal die Verwurzelung Kleppers in Luthers Theologie und Spiritualität. Ein Glaubensbekenntnis Martin Luthers lautet:

»Meine Hoffnung

Mir ist es bisher
wegen angeborener Bosheit und Schwachheit
unmöglich gewesen
den Forderungen Gottes zu genügen.

Wenn ich nicht glauben darf,
daß Gott mir um Christi willen
dies täglich beweinte Zurückbleiben vergebe,
so ist's aus mit mir.

Ich muß verzweifeln.
Aber das laß' ich bleiben.
Wie Judas an den Baum mich hängen,
das tu' ich nicht.

Ich hänge mich an den Hals oder Fuß Christi
wie die Sünderin.
Ob ich auch noch schlechter bin als diese,
ich halte meinen Herrn fest.

Dann spricht er zum Vater:
Dieses Anhängsel muß auch durch.
Es hat zwar nichts gehalten
und alle deine Gebote übertreten.
Vater, aber er hängt sich an mich.
Was will's! Ich starb auch für ihn.
Laß ihn durchschlupfen.
Das soll mein Glaube sein.«

Resümee

Bei Jochen Klepper lässt sich klar erkennen, wie spirituelle Prägung, theologische Überzeugung und geistige Gestimmtheit den Losungsgebrauch und das Verständnis der Losungsworte bestimmen. Die geistlichen bzw. geistigen Voraussetzungen für Kleppers Losungsgebrauch bildeten seine Prägung durch die Spiritualität der Herrnhuter Brüdergemeine, sein lutherisches

Gottesverständnis und ein profiliertes Preußentum, zu dem Pflichterfüllung und Ausharren in Schwierigkeiten gehörten. Der Losungsgebrauch leistete für Klepper in den Jahren unter der Nazidiktatur – um diese Zeitspanne geht es im Tagebuch im Wesentlichen – vor allem drei Dinge: Die Losungen halfen ihm, sein Selbstverständnis als christlicher Dichter zu klären. Sie ermöglichten ihm, mit permanenten Schicksalsschlägen fertig zu werden und nicht zu verzweifeln. Schließlich halfen sie ihm und seiner Familie, mit der Hoffnung auf Gottes Barmherzigkeit und damit getröstet zu sterben.

Spirituelles Grundnahrungsmittel: Dietrich Bonhoeffer (1906–1945) und die Losungen

Dietrich Bonhoeffer, © akg-images

Obwohl Dietrich Bonhoeffer wahrscheinlich der prominenteste Losungsleser des 20. Jh. war, gibt es meines Wissens bisher nur drei Artikel, die Bonhoeffers Losungsgebrauch näher untersuchen.[1] In seinem eigenen Werk finden sich Hinweise auf die Losungen im Buch »Gemeinsames Leben« und vor allem in »Widerstand und Ergebung«.[2] Im letzten Band der Gesamtausgabe von Bonhoeffers Werken[3] sind seine im Gefängnis entstandenen Auslegungen der Herrnhuter Losungen für Eberhard und Renate Bethge abgedruckt. Der Nachlass Bonhoeffers, den die Preußische Staatsbibliothek zu Berlin aufbewahrt, enthält Exemplare seiner Losungsbücher aus den 1930er und 1940er Jahren. Bonhoeffers Freund Eberhard Bethge hob den biografischen Wert dieser Bücher hervor: »Besonders wertvoll für mich ist das Losungsbüchlein Dietrichs von 1944, in das er mit Bleistift z. B. ganz kurz eingetragen, wer ihn [im Gefängnis] hat besuchen können und außerdem, ob ein schwerer Luftangriff stattgefunden hatte.«[4]

Die folgenden Überlegungen gliedern sich in fünf Teile. In einem ersten Teil möchte ich auf Spurensuche gehen: In welchen Lebenszusammenhängen wird bei Dietrich Bonhoeffer das Lesen des Losungsbüchleins greifbar? Dabei fällt auf, wie vielfältig sich der Losungsgebrauch Bonhoeffers darstellt. In den sich anschließenden Teilen ist nach der inhaltlichen Bedeutung zu fragen, die die Losungen für Bonhoeffers Glauben und Leben besaßen. Sie waren für ihn eine wichtige Entscheidungshilfe in schwierigen Lebenssituationen. Das soll exemplarisch an der Bedeutung der Losungen während seiner USA-Reise unmittelbar vor Kriegsbeginn 1939 gezeigt werden. Die Losungen entfalteten für Bonhoeffer je länger je mehr eine gemeinschaftsstiftende Kraft. Das galt vor allem nach der Schließung des Finkenwalder Predigerseminars durch die Gestapo 1937. In den zwei Gefängnisjahren vor seiner Hinrichtung gehörten die Losungen neben den Paul-Gerhardt-Liedern zu Bonhoeffers spirituellen Grundnahrungsmitteln. In einem abschließenden Teil soll ein theologisches Resümee aus seinem Losungsgebrauch gezogen werden.

Die Losungen im Leben Bonhoeffers
Eine Spurensuche

Vorgeschichte

Für Bonhoeffers Wunsch, Theologie zu studieren und Pfarrer zu werden, spielte die von der Mutter und der Erzieherin Maria Horn repräsentierte herrnhutische Frömmigkeit eine nicht zu unterschätzende Rolle. Die Mutter Paula Bonhoeffer hatte ihre letzten Schuljahre in der schlesischen Brüdergemeine Gnadenfrei verbracht.[5] Sie öffnete sich dort den Idealen der Herrnhuter Brüdergemeine.[6] Diese blieben allerdings während der Ehe – aufgrund des Agnostizismus ihres Mannes Karl Bonhoeffer – zunächst im Hintergrund. Neben der Mutter übte die Herrnhuterin Maria Horn Einfluss auf die religiöse Erziehung der Bonhoeffer-Kinder aus. Sie war als Erzieherin von 1908 bis zu ihrer Heirat in den 1920er Jahren im Hause Bonhoeffer tätig und wurde wie ein Familienmitglied betrachtet. Sabine Leibholz, Dietrich Bonhoeffers Zwillingsschwester, erinnert sich, dass die Kinder durch »Hörnchen«, wie sie von allen liebevoll genannt wurde, die Lieder und Melodien der Brüdergemeine gelernt hätten.[7] Obwohl sowohl die Mutter als auch das Kindermädchen durch die Spiritualität der Herrnhuter Brüdergemeine geprägt waren, wurde das Losungsbüchlein im Hause Bonhoeffer nicht gelesen – so die Mitteilung der Zwillingsschwester Bonhoeffers.[8] Es ist deshalb anzunehmen, dass er das Losungsbüchlein während seiner Kindheit und Jugend noch nicht gebraucht hat.

Sicher ist, dass Dietrich Bonhoeffer in den 1930er Jahren zum regelmäßigen Leser der Losungen wurde.

Von Anfang an war er Mitglied der Bekennenden Kirche, die sich im Widerstand gegen die nationalsozialistische Unterwanderung der evangelischen Kirche formiert hatte. In der Zeit des Kirchenkampfes erwiesen die Losungen für viele Mitglieder der Bekennenden Kirche ihre Kraft: Sie gaben Orientierung in Entscheidungsfragen der Kirche und des Einzelnen, festigten die Verbundenheit zwischen den Mitgliedern der Bekennenden

Kirche und stärkten den Glauben, indem sie täglich zum »Dranbleiben« an dem einmal als richtig Erkannten ermutigten. Im Hinblick auf die Losung am Geburtstag Martin Niemöllers im Konzentrationslager Dachau am 14. Januar 1942 schrieb dessen Mitgefangener, der spätere Weihbischof von München Johannes Neuhäusler: »Psalm 116,3: ›Stricke des Todes hatten mich umfangen, und Schrecken des Verderbens hatten mich getroffen.‹ Wer so am eigenen Leib und so oft im eigenen Leben Gefahren bestanden und Rettung gefunden hat, der kann um so überzeugender und wärmer Notleidende und Gefährdete, Versinkende und Verzweifelte auf den großen Helfer hinweisen …«[9] In dieser Zeit – während des Bekenntniskampfes und des Zweiten Weltkriegs – wurde der Grund gelegt für den Siegeszug des Losungsbuches nach dem Krieg: Aus einem Andachtsbuch für den relativ überschaubaren Kreis der Mitglieder und Freunde der Brüdergemeine entwickelte es sich zum heute am weitesten verbreiteten Andachtsbuch des Protestantismus in Deutschland.[10] Das Vorbild Martin Niemöllers, Dietrich Bonhoeffers und anderer bekannter Mitglieder der Bekennenden Kirche mit ihrem täglichen Losungsgebrauch trug maßgeblich dazu bei.

Als Predigerseminardirektor

Das Losungsbuch wurde für Bonhoeffer in dem Moment noch wichtiger, als er Direktor des Predigerseminars der Bekennenden Kirche in Finkenwalde bei Stettin 1935 wurde. Von Anfang an waren die Predigerseminare der Bekennenden Kirche illegal, auch wenn die Gestapo Finkenwalde erst zwei Jahre später, 1937, versiegelte. Im Lauf der Zeit entwickelte sich das Losungsbuch mehr und mehr zum einzig verbleibenden Verbindungsglied zwischen Bonhoeffer und seinen ehemaligen Vikaren. Eberhard Bethge schreibt dazu: »Die Losungen begannen für die Finkenwalder, also auch für Bonhoeffers Verbindung mit ihnen, eine wesentlichere Rolle zu spielen, als die Vervielfältigungsmaschinen und das Kopieren unter Goebbels Aufmerksamkeit in die Illegalität zu geraten drohten, was dann im Krieg volle Realität wurde.«[11] Das Wissen, sich an jedem Morgen die gleichen Bibelworte von Gott zusprechen zu lassen, verlieh innere Kraft. Dazu kam ein Weiteres: Bonhoeffer hatte in Finkenwalde die tägliche Meditation eines mehrere Tage gleich bleibenden Bibeltextes eingeführt.[12] Diese Praxis sollte auch von den ehemaligen Finkenwalder Vikaren weitergeführt werden, die bereits eine Pfarrstelle übernommen hatten. Dazu wurden die Meditationstexte jeweils ein Vierteljahr vorher in einem Rundbrief allen Ehemaligen mitgeteilt. Für den Fall, dass es aufgrund staatlicher Repressionen nicht mehr möglich sein würde, vervielfältigte Rundbriefe zu versenden, wurde vereinbart, bei der täglichen Meditation auf die unter den Losungen angegebenen Bibeltexte zurückzugreifen. Auf diese Weise sollte sichergestellt werden, dass man auch in Zukunft über die gleichen Texte meditieren konnte. Eberhard Bethge teilte mit: »In Vorbereitung dieser Lage wurde also vereinbart, daß, wenn nun die Möglichkeit, die Meditationstexte für das nächste Vierteljahr mitzuteilen, verschwinde, man sicher sein sollte, daß alle, die das Meditieren weiter betrieben, wissen sollten, er, Dietrich Bonhoeffer, und die anderen würden immer gemäß der Texte des Losungsbüchleins, dessen Verbot man nicht erwartete, ihre tägliche Meditation und Fürbitte abhalten.«[13]

Im aktiven Widerstand gegen Hitler

Nach dem Ende der Arbeit in den Predigerseminaren und seit dem aktiven Eintritt in den Widerstand gegen Hitler begann Bonhoeffer, die Losungen stärker im Hinblick auf seine persönliche Frömmigkeit zu schätzen. Als das gemeinsame Leben mit den Vikaren und Bruderhaus-Mitgliedern in Finkenwalde und nach einiger Zeit auch in den Sammelvikariaten aufhörte und eine rastlose Reisetätigkeit begann, griff er verstärkt zur Losung. Jetzt brauchte er das Losungswort als Parole für die täglichen Auseinandersetzungen, die nun von ihm allein durchgefochten werden mussten, mehr als bisher, wo er in einer kommunitären Gemeinschaft mit anderen Christen gelebt hatte. Dazu kam, dass er jetzt häufig weder Zeit noch Kraft hatte, längere Bibelabschnitte zu meditieren. Bonhoeffer entdeckte die Losung als Entscheidungshilfe, als Anstoß für geistliche Gedanken und als Grundlage des Gebetes. Das wird – wie wir gleich sehen werden – deutlich im Tagebuch seiner Amerikareise von 1939, vor allem aber in den Briefen und Aufzeichnungen aus der Haft, die in »Widerstand und Ergebung« posthum nach dem Krieg von Eberhard Bethge herausgegeben worden sind. Die Losungen wurden in den letzten Lebensjahren für Bonhoeffer kontinuierlich wichtiger – genau wie die Paul-Gerhardt-Lieder. Er kehrte damit zurück zu den Grundformen evangelischer Spiritualität, die von ihrem reformatorischen Ursprung her – als Familien- und alltagsverträgliche Frömmigkeit – Lied- und Bibelspruchfrömmigkeit ist. Bonhoeffer relativierte damit seine früher im »Gemeinsamen Leben« geäußerte Kritik an einem Bibelgebrauch, der primär auf das Wort für den Tag ausgerichtet war.[14] Angesichts von Vereinzelung und Bedrohung durch die Nazis wurden theologische Ideale als wirklichkeitsfremd entlarvt.

Die Losungen als Entscheidungshilfe in schwierigen Lebenssituationen

Losungswort und Lehrtext wurden für Dietrich Bonhoeffer zur Entscheidungshilfe in schwierigen Lebenssituationen. Wegen des Entzugs der Lehrerlaubnis an der Berliner Universität und wegen des bevorstehenden Krieges ermöglichten ihm amerikanische Freunde im Sommer 1939 – unmittelbar vor Kriegsbeginn – eine Vortragsreise in die Vereinigten Staaten. Dahinter stand die Idee, dass Bonhoeffer angesichts des heraufziehenden Krieges im sicheren Amerika überleben sollte. Zudem erlaubte ihm der Aufenthalt in den USA, dem Wehrdienst in Hitlers Armee zu entgehen, den er aus Gewissensgründen meinte verweigern zu müssen. Die Amerikareise brachte ihn jedoch in einen schweren Konflikt. Er rang um die Frage, ob er in den USA bleiben oder nach Deutschland zurückkehren sollte.

Es gibt ein bewegendes Tagebuch aus dieser Zeit.[15] An vielen Tagen enthält es die von Bonhoeffer abgeschriebenen Losungen und Lehrtexte. Fast immer scheint er den Tag mit beiden Bibelworten abgeschlossen zu haben. Offensichtlich halfen ihm die Losungen, zum inneren Frieden zu finden, so dass er schließlich eine klare Entscheidung treffen konnte. Am 8. Juni 1939, auf dem Schiff während der Hinreise in die Vereinigten Staaten, lautete die Losung für diesen Tag: »Richtet recht, und ein jeglicher beweise an seinem Bruder Güte und Barmherzigkeit« (Sach 7,9). Bonhoeffer notierte dazu: »Das erbitte ich zuerst von Euch, meinen Brüdern zu Haus. Ich will in Euren Gedanken nicht geschont sein […].« Zum Lehrtext am 9. Juni 1939 aus Joh 12,26: »Wer mir dienen will, der folge mir nach; und wo ich bin, da soll mein Diener auch sein« hielt er fest: »Große Programme führen uns immer nur dorthin, wo wir selbst sind; wir aber sollten uns nur dort finden lassen, wo Er ist. Wir können ja nirgends anders mehr sein, als wo Er ist. Ob Ihr drüben, oder ich in Amerika arbeite, wir sind beide nur, wo Er ist. Er nimmt uns mit. Oder bin ich doch dem Ort ausgewichen, an dem Er ist?« Am Tag unmittelbar vor der Ankunft in Amerika lauteten Losung und Lehrtext: »Er kennt ja unsers Herzens Grund« (Ps 44,22); »Jetzt erkenne ich's stückweise; dann aber werde ich erkennen, gleichwie ich erkannt bin« (1. Kor 13,12). Bonhoeffer schrieb im Tagebuch: »Wenn nur die Zweifel am eigenen Weg überwunden wären.«

Kaum in den USA angekommen, beschloss er nach tagelangem, zermürbendem Zweifeln, nach Deutschland zurückzukehren: »Besuch bei Leiper. Damit ist wohl die Entscheidung gefallen. Ich habe abgelehnt […]. Für mich bedeutet es wohl mehr, als ich im Augenblick zu übersehen vermag. Gott allein weiß es.« Am Tag der Absage, dem 20. Juni, lautete die Losung: »Ich bin der Herr, der von Gerechtigkeit redet und verkündigt, was da recht ist« (Jes 45,19). Im Lehrtext stand: »Sintemal ihr den zum Vater anrufet, der ohne Ansehen der Person richtet nach eines jeglichen Werk, so führet euren Wandel, so lange ihr hier wallet, mit Furcht« (1. Petr 1,17). Bonhoeffer schrieb dazu: »Die Losung spricht heute ganz furchtbar hart von Gottes unbestechlichem Gericht. Er sieht gewiß, wie viel Persönliches, wie viel Angst in der heutigen Entscheidung steckt, so mutig, wie sie aussehen mag […]. Darum kann man nur bitten, daß Gott uns richten und vergeben wolle […]. Am Ende des Tages kann ich nur bitten, daß Gott sein gnadenvolles Gericht üben möge über diesen Tag und alle Entscheidungen. Es ist nun in seiner Hand.« Am Tag darauf, dem 21. Juni, hielt Bonhoeffer im Tagebuch fest: »Zu meiner Entscheidung kommen natürlich immer noch Gedanken […]. Werde ich es bereuen? Ich darf es nicht, das ist sicher […]. Wieder spricht die Losung so hart: ›Er wird das Silber prüfen und reinigen‹ (Mal. 3,3). Es ist auch nötig. Ich kenne mich nicht mehr aus. Aber Er kennt sich aus; und am Ende wird alles Handeln und Tun klar und rein sein.« Offensichtlich bemühte Bonhoeffer sich darum, seinen Entschluss, nach Deutschland zurückzukehren, im Gespräch mit den Losungen zu klären. Dabei verstand er die Bibelworte als Anrede Gottes, hineingesprochen in seine persönliche Situation.

Einige Tage später, am 26. Juni, unmittelbar vor der Rückkehr nach Europa, las Bonhoeffer 2. Tim 4,21: »Komme noch vor dem Winter.« Er ließ sich die Bitte des Paulus an Timotheus ganz persönlich gesagt sein: »Das geht mir den ganzen Tag nach. Es geht uns wohl so wie den Soldaten, die vom Feld in den Urlaub kommen und trotz allem, was sie erwarteten, wieder ins Feld zurückdrängen […]. Es ist gar nichts Frommes, sondern etwas fast Vitales. Aber Gott handelt nicht nur durch fromme, sondern auch durch solche vitalen Regungen. ›Komm[e] noch vor dem Winter‹ – Es ist nicht Mißbrauch der Schrift, wenn ich das *mir* gesagt sein lasse. Wenn mir Gott Gnade dazu gibt.«

Das Wort aus 2. Tim 4,21 bestärkte Bonhoeffer darin, nicht in den USA zu bleiben. In der Literatur ist immer wieder zu lesen, dass die Bibelstelle aus den Herrnhuter Losungen während dieser Tage stammte. Das stimmt nicht. Die Losungen wurden und werden ausschließlich aus dem Alten Testament entnommen. Aber auch die Durchsicht der aus dem Neuen Testament entnommenen Lehrtexte während Bonhoeffers Zeit in Amerika ergab, dass 2. Tim 4,21 nicht vorkam.[16] Bonhoeffer muss dem Wort also zufällig bei der Bibellektüre begegnet sein.

Noch aus New York schrieb er an Reinhold Niebuhr, einen amerikanischen Freund, als Begründung dafür, warum er nicht in den Vereinigten Staaten bleiben konnte: »Diese schwierige Epoche unserer nationalen Geschichte muß ich bei den Christenmenschen Deutschlands durchleben. Ich habe kein Recht, an der Wiederherstellung des christlichen Lebens in Deutschland nach dem Kriege mitzuwirken, wenn ich nicht die Prüfungen dieser Zeit mit meinem Volk teile.«[17]

Die gemeinschaftsstiftende Kraft der Losungen

Angesichts seiner Mitarbeit im Widerstand gegen Hitler, die für Bonhoeffer einen einsamen Weg bedeutete, der Zerstreuung der ehemaligen Schüler und Vikare im Krieg und später seiner eigenen Gefangenschaft entfalteten die Losungen mehr und mehr ihre gemeinschaftsstiftende Kraft. Das Lesen der Losungen half, die geistliche Gemeinschaft mit Freunden, Schülern und Verwandten über alle räumlichen Trennungen hinweg zu bewahren. Wo auch immer sie sich gerade aufhielten: Indem sie alle täglich auf das gleiche Wort Jesu Christi hörten, blieben sie miteinander verbunden. Außer in den Rundbriefen an die ehemaligen Finkenwalder Vikare ist der Austausch über die Losungen besonders in »Widerstand und Ergebung« zwischen dem Inhaftierten und seinen Eltern und seinem frisch verheirateten Freund Eberhard Bethge und dessen Frau Renate eindrucksvoll dokumentiert.[18]

Die Losungen wurden zum Zeichen der Vergewisserung, in der gleichen geistlichen Gemeinschaft mit Jesus Christus zu leben. Im Weihnachtsrundbrief an die ehemaligen Finkenwalder Vikare vom 20.12.1937 schrieb Bonhoeffer: »Was wir uns nun zum Weihnachtsfest selbst und zum Jahresschluß sagen wollen, möchte ich für uns alle kurz zu sagen versuchen im Anschluß an die Losungen der letzten Jahreswoche.«[19] Dann folgte eine kurze Auslegung der Losungen der entsprechenden Tage. Zur Losung des Heiligen Abends führte er aus: »Ps 41,5: ›Herr, sei mir gnädig, heile meine Seele; denn ich habe an dir gesündigt.‹ Das ist ein Beichttext. Die Krippe des ins Fleisch gekommenen Sohnes Gottes ist der rechte Ort für unsere Beichte. Der unser Fleisch und Blut trug, kennt unser Herz […]. Möchte doch keiner in die Weihnachtstage gehen, ohne trotz aller Arbeit und Unruhe die Zeit gesucht zu haben, unserm Herrn Jesus die Beichte abzulegen.« Unmittelbar im Anschluss bricht in Bonhoeffers Worten die Sehnsucht nach der Gemeinschaft mit seinen ehemaligen Vikaren durch: »Wer allein ist und die Gnade der brüderlichen Gemeinschaft und Stärkung entbehren muß, dem wolle Gott um so herrlicher die wahrhaftige Bruderschaft offenbaren. Wo wir auch seien, wir sprechen in einem Geist, wie wir es oft am selben Abendmahlstisch getan haben: Heile meine Seele; denn ich habe an Dir gesündigt. So werden wir am Heiligen Abend aufs Neue für die große Gnade Gottes, unseres Heilandes, dankbar werden.«[20]

1943, sechs Jahre später, saß Bonhoeffer im Gefängnis. In dieser Situation vergewisserten die Losungen den einsamen Gefangenen seiner Gemeinschaft mit den Eltern und mit Eberhard und Renate Bethge. Nach einem schweren Luftangriff auf Berlin schrieb er an seine Eltern: »24.8.43 Liebe Eltern! Das war nun doch für Euch eine bewegte Nacht! Ich war sehr erleichtert, als mir der Hauptmann bestellen ließ, es sei bei Euch alles in Ordnung. Von meiner hochgelegenen Zelle und den bei Alarmen vollständig heruntergelassenen Fenstern aus sieht man das schauerliche Feuerwerk über der Stadt in südlicher Richtung sehr deutlich […]. Merkwürdig berührte mich dann heute früh die Losung der Brüdergemeinde: ›Ich will Frieden geben eurem Lande, daß ihr schlafet und euch niemand schrecke‹ [3. Mose 26,6a].«[21]

Der Brauch, sich zu Weihnachten als Zeichen der Verbundenheit und Freundschaft gegenseitig das Losungsbuch zu schenken, ist heute weit verbreitet. Dass Bonhoeffer dies auch in der Gefängniszeit fertigbrachte, musste mit dem guten Verhältnis zu seinen Bewachern zusammenhängen. Welche Bedeutung dieser Austausch des Losungsbuches an Weihnachten 1943 für Bonhoeffer hatte, zeigt besonders folgendes Zitat. In einem Brief an Renate und Eberhard Bethge an Heiligabend schrieb

Bonhoeffer: »Daß wir auch in diesem Jahr die Losungen austauschen konnten, war mir eine der größten Weihnachtsfreuden. Ich hatte schon manchmal daran gedacht und darauf gehofft, aber es nicht mehr für möglich gehalten. Nun wird uns dieses Buch, das mir gerade in den vergangenen Monaten so wichtig war, auch das nächste Jahr hindurch begleiten, und wir werden, wenn wir es morgens lesen, besonders aneinander denken. Habt vielen, vielen Dank!«[22] Dass als Lesezeichen in den Losungen Bonhoeffers Eberhard Bethges Bild lag, unterstreicht noch die Bedeutung, die das Losungsbuch als Zeichen der Freundschaft im Gefängnis für ihn besaß.

Das Bewusstsein, die Losungen am Morgen in der Gemeinschaft mit seinem Freund und dessen Frau lesen zu können, kann für Bonhoeffer sogar zum Ersatz für eine Besuchserlaubnis werden. Am 9.5.1944 schrieb er: »Wenn Euer Vater […] einen Besuch für Euch bei mir erwirken könnte, wäre ich ihm natürlich sehr sehr dankbar. Im übrigen weiß ich, daß Ihr morgens beim Lesen der Losungen an mich denken werdet wie ich an Euch […].«[23]

Die Losungen als spirituelles Grundnahrungsmittel

In den beiden Gefängnisjahren vor seiner Hinrichtung gehörten die Losungen für Bonhoeffer neben den Liedern Paul Gerhardts und den Psalmen zu den spirituellen Grundnahrungsmitteln. Sie gaben ihm Trost und halfen ihm nicht nur, den schrecklichen Gefängniseindrücken standzuhalten, sondern auch mit dem Scheitern des Attentats auf Hitler fertigzuwerden und dem damit verbundenen Wissen, wahrscheinlich den Krieg nicht zu überleben. Immer wieder sprachen die Losungen in dieser Zeit unmittelbar in seine Situation hinein. Am 20.7.1944, dem Tag des Attentats von Stauffenberg auf Hitler, lauteten Losung und Lehrtext: Psalm 20,8: »Jene verlassen sich auf Wagen und Rosse; wir aber denken an den Namen des Herrn, unseres Gottes.« Röm 8,21: »Ist Gott für uns, wer mag wider uns sein?« Und am 21.7.1944: Psalm 23,1: »Der Herr ist mein Hirte, mir wird nichts mangeln.« Joh 10,14: »Ich bin der gute Hirte und kenne die Meinen und die Meinen kennen mich.« Nachdem Bonhoeffer die Nachricht vom Scheitern des Attentats erhalten hatte, schrieb er am 21.7.1944 an Bethge: »Heute will ich Dir nur so einen kurzen Gruß schicken. Ich denke, Du wirst in Gedanken so oft und viel hier bei uns sein, daß Du Dich über jedes Lebenszeichen freust, auch wenn das theologische Gespräch einmal ruht. Zwar beschäftigen mich die theologischen Gedanken unablässig, aber es kommen dann doch auch Stunden, in denen man sich mit den unreflektierten Lebens- und Glaubensvorgängen genügen läßt. Dann freut man sich ganz einfach an den Losungen des Tages, wie ich mich zum Beispiel an der gestrigen und heutigen besonders freue, und man kehrt zu den schönen Paul Gerhardtliedern zurück und ist froh über diesen Besitz.«[24] Dieser knappe Hinweis zeigt: Losung und Lehrtext entfalteten in den Gefängnisjahren für Bonhoeffer ein großes Potenzial an Glaubens- und Lebenshilfe.

Mithilfe von Theologie bewältigte er sein Leben. Das belegt eine Meditation über Losung und Lehrtext vom 21.8.1944, einen Monat nach dem missglückten Stauffenberg-Attentat auf Hitler. Der Lehrtext stammte aus 2. Kor 1,20: »Auf alle Gottesverheißungen ist in ihm das Ja.« Bonhoeffer schrieb an Eberhard Bethge: »Noch einmal habe ich mir die Losungen vorgenommen und darüber etwas meditiert. Es kommt wohl alles auf das ›in Ihm‹ an. Alles, was wir mit Recht von Gott erwarten, erbitten dürfen, ist in Jesus Christus zu finden. Was ein Gott, so wie wir ihn uns denken, alles tun müßte und könnte, damit hat der Gott Jesu Christi nichts zu tun. Wir müssen uns immer wieder sehr lange und sehr ruhig in das Leben, Sprechen, Handeln, Leiden und Sterben Jesu versenken, um zu erkennen, was Gott verheißt und was er erfüllt. Gewiß ist, daß wir immer in der Nähe und unter der Gegenwart Gottes leben dürfen und daß dieses Leben für uns ein ganz neues Leben ist; daß es für uns nichts Unmögliches mehr gibt, weil es für Gott nichts Unmögliches gibt; daß keine irdische Macht uns anrühren kann ohne Gottes Willen, und daß Gefahr und Not uns nur näher zu Gott treibt; gewiß ist, daß wir nichts zu beanspruchen haben und doch alles erbitten dürfen; gewiß ist, daß im Leiden unsre Freude, im Sterben unser Leben verborgen ist; gewiß ist, daß wir in dem allen in einer Gemeinschaft stehen, die uns trägt. Zu all dem hat Gott in Jesu Ja und Amen gesagt.«[25]

Die große Bedeutung der Losungen für Bonhoeffers Spiritualität in den Gefängnisjahren offenbart schließlich auch folgende Beobachtung: Seine letzte Andacht hielt er für seine Mitgefangenen am 8.4.1945 nicht über den Predigttext des Sonntags, sondern über Losung und Lehrtext: »Durch seine Wunden sind wir geheilt« (Jes 53,5) und »Gelobt sei Gott und der Vater unseres Herrn Jesu Christi, der uns nach seiner großen Barmherzigkeit wiedergeboren hat zu einer lebendigen Hoffnung durch die Auferstehung Jesu Christi von den Toten« (1. Petr 1,3), zwei Bibelworte, die in komprimierter Weise die christliche Ewigkeitshoffnung enthalten. Eberhard Bethge schreibt dazu: »Er sprach von den Gedanken und den Schlüssen, welche diese Gefangenschaft in allen hatte reifen lassen.«[26] Während Bonhoeffer noch redete, wurde er nach Flossenbürg zur Hinrichtung abgeholt. Bei der Verabschiedung vertraute er dem englischen Mitgefangenen S. Payne Best sein ökumenisches Vermächtnis an.[27] Payne Best übermittelte Bonhoeffers Botschaft brieflich an Bischof Bell: »›Wollen Sie diese Botschaft von mir dem Bischof von Chichester ausrichten: ›sagen Sie ihm, dass dies für mich das Ende ist, aber auch der Anfang – mit ihm glaube ich an den Grund unserer universalen christlichen Bruderschaft, die sich über alle nationalen Haßgefühle erhebt, und daß unser Sieg gewiss ist […]‹‹«[28] Bonhoeffer stirbt im Vertrauen auf den endgültigen Sieg des Reiches Gottes über allen Unfrieden und Hass zwischen den Völkern.

Theologische Schlussfolgerungen aus Bonhoeffers Losungsgebrauch

1. Erstaunlicherweise hat sich Bonhoeffer in seinem gedruckten Werk zunächst ambivalent zu den Losungen geäußert. So schreibt er im »Gemeinsamen Leben«: »Wir sind fast alle mit

der Meinung groß geworden, es handle sich in der Schriftlesung allein darum, das Gotteswort für den heutigen Tag zu hören. Darum besteht die Schriftlesung bei vielen nur aus einigen kurzen, ausgewählten Versen, die das Leitwort des Tages ausmachen sollen. Es ist nun kein Zweifel, daß etwa auf den Losungen der Brüdergemeine für alle, die sie gebrauchen, bis zur Stunde ein wirklicher Segen liegt. Gerade in den Kampfzeiten der Kirche ist das vielen zu ihrem großen und dankbaren Erstaunen aufgegangen.«[29] Bonhoeffer reiht hier die Losungen unter einer Form von Bibelgebrauch ein, der offensichtlich zu seiner Zeit vorherrschend war: Man las nur einige ausgewählte Kernverse, in denen man Gottes Wort für den Tag zu hören hoffte. Bonhoeffer kritisiert in der Fortsetzung des Zitats, dass über einem solchen Schriftgebrauch das Verständnis für den Gesamtzusammenhang der Bibel verloren ginge. Die Schrift ist Gottes Wort nicht bloß für den einzelnen Christen – etwa zu seiner persönlichen Erbauung! Die Bibel ist auch – und vor allem – Gottes Wort für die Kirche und Welt. Bonhoeffer fährt fort: »Aber es kann ebensowenig ein Zweifel darüber bestehen, daß kurze Leit- und Losungsworte nicht an die Stelle der Schriftlesung überhaupt treten können und dürfen. Die Losung für den Tag ist noch nicht die Heilige Schrift, die durch alle Zeiten hindurch bis in den jüngsten Tag bleiben wird. Die Heilige Schrift ist mehr als Losung. Sie ist auch mehr als ›Brot für den Tag‹. Sie ist Gottes Offenbarungswort für alle Menschen, für alle Zeiten. Die Heilige Schrift besteht nicht aus einzelnen Sprüchen, sondern sie ist ein Ganzes, das als solches zur Geltung kommen will.«[30] Damit befindet Bonhoeffer sich – ohne es zu wissen – in Übereinstimmung mit dem Ziel, das Nikolaus Ludwig Graf von Zinzendorf, der Erfinder der Losungen, mit ihnen verfolgte: Als »Bibel light« hatten sie die Aufgabe, Menschen zu helfen, in den Gesamtzusammenhang der Bibel hineinzufinden.[31] Die Losungen sollten ihre Leser zur lectio continua hinführen.

2. Das Lesen der Losungen stellt einen elementaren Akt der Spiritualität dar. Dass solche grundlegenden Glaubensvollzüge auch für intellektuell geprägte Christen unverzichtbar sind, zeigt das Beispiel Bonhoeffers im Gefängnis. Gerade als »Bibel

light« können die Losungen von jedermann und jederfrau auch ohne theologische Vorbildung gelesen und verstanden werden. Bei der Auswahl der Spruchsammlung, aus der die Losungen ausgelost werden, ist das Kriterium unmittelbaren Verstehens wesentlich. Dadurch ist gewährleistet, dass das Lesen der Losungen als »unreflektierter Glaubensvorgang« seine Wirkung entfalten kann.

3. In der Zeit der Bedrohung des christlichen Glaubens durch den Nationalsozialismus entdeckten die Mitglieder der Bekennenden Kirche neu die Wichtigkeit der Kirche für das Christsein. Das ist auch psychologisch nachvollziehbar: Bei Angriffen von außen rückt man zusammen und vergewissert sich der Grundlagen der Zusammengehörigkeit. Dass die Herrnhuter Losungen gerade in diesem Moment von Bonhoeffer und anderen Männern der Bekennenden Kirche entdeckt wurden, hängt mit ihrem Gemeinschaftspotenzial zusammen. Schon der äußerliche Brauch, an jedem Morgen das Losungsbüchlein aufzuschlagen und die ausgelosten Bibelworte zu lesen, stiftet ein Zusammengehörigkeitsgefühl. Dazu tritt die Erfahrung, in Situationen der Bedrohung und Verfolgung als Einzelne und als gesamte Kirche unmittelbar durch das gleiche Bibelwort angesprochen, ermutigt oder ermahnt zu werden.

4. Die Vermutung liegt nahe, dass ein wesentlicher Grund für die zunehmende Verbreitung der Losungen während des Dritten Reiches in den Reihen der Bekennenden Kirche darin liegt, dass die täglichen Losungen ausschließlich aus dem Alten Testament entnommen sind. Die Losungen halten fest, dass die Stimme des christlichen Gottes in der ganzen Bibel zu hören ist. Der christliche Glaube kann nicht auf das Alte Testament verzichten! Die Losungen machen unübersehbar deutlich, dass es auf Dauer kein Christsein ohne bleibende Verbundenheit mit dem Judentum gibt. Die Bekennende Kirche führte an dieser Stelle auch exegetisch eine wichtige Auseinandersetzung mit der deutsch-christlichen Theologie.[32] Dietrich Bonhoeffer selbst charakterisiert seine spirituelle Entwicklung in den Gefängnisjahren als immer stärkere Hinwendung zum Alten Testament.[33] Vielleicht hängt diese damit zusammen, dass im Alten Testa-

ment drastischer als im Neuen Testament Gott als der in der Geschichte Handelnde vor Augen tritt. Gott greift redend und segnend, richtend und rettend in die Geschichte ein. Der christliche Gott lässt sich nicht auf eine vage Vorsehung reduzieren. Er kann nur bezeugt werden, indem man von seinem Reden und Segnen, Richten und Erretten erzählt.[34] Dazu wollen die Losungen ihre Leser ermutigen.

5. Bonhoeffer hört in den Losungen nicht nur die Stimme des liebenden und tröstenden Gottes. Er vernimmt in ihnen auch das aufrüttelnde, ermahnende Wort Gottes, das zu Buße und Umkehr ruft. Gott begegnet Menschen in den Losungen im Spannungsfeld von Gericht und Gnade. Ich habe den Eindruck, dass diese Seite Gottes heute in den meisten Predigten im Raum der evangelischen Kirche ausgeblendet wird. Übrig bleibt ein belangsloser lieber Gott, der höchstens zum Ausgleich des Gemütshaushalts wichtig ist. Ein Gott, der den Menschen zum Gehorsam und in seinen Dienst ruft, kommt nicht vor. Vom Losungsgebrauch Bonhoeffers lässt sich lernen, dass jeder Mensch dem richtenden und dem vergebenden Gott gegenübertreten muss.

6. Jeder Losungsleser schreibt seine eigene Autobiografie der Losungen. Auch Dietrich Bonhoeffer besaß seine persönliche Geschichte der Losungen. Im Verlauf seines Lebens wurden sie für ihn immer bedeutsamer. Zunächst betonte er die Problematik, die ein von der kontinuierlichen Lektüre der ganzen Bibel losgelöster Losungsgebrauch mit sich bringt. Dann entdeckte er den gemeinschaftsstiftenden Charakter der Losungen. Später – beim Besuch in den Vereinigten Staaten unmittelbar vor Kriegsbeginn – erfuhr er sie als Entscheidungshilfe, was zu seiner Rückkehr nach Deutschland beitrug. Im Gefängnis schließlich wurden die Losungen für ihn neben den Paul-Gerhardt-Liedern und den Psalmen zum wichtigsten spirituellen Grundnahrungsmittel.

»Combination des Worts und der personellen connexion mit Ihm«: Eine kleine Theologie der Losungen

Zinzendorf vor der Lichtenburg in Herrnhaag,
Gemälde von Johann Valentin Haidt 1747

Bei einem engagierten Theologen wie Zinzendorf verwundert es nicht, dass er die Erfindung der Losungen theologisch begründete. Mit Fug und Recht lässt sich sagen, dass die Losungen ohne die Eigenständigkeit und Originalität seiner theologischen Gedanken nicht entstanden wären.

Hinter der Losungsidee steht ein bestimmtes Verständnis von Gott und Jesus Christus. Zugleich sind die Losungen organisch aus dem Bibelverständnis des Grafen erwachsen. Schließlich sind sie Teil seiner »Streiteridee« und der in der Brüdergemeine ausgeübten Lospraxis.

Voraussetzung: der nahe Gott

Eine wesentliche theologische Voraussetzung für die Entstehung der Losungen ist Zinzendorfs Überzeugung, dass Gott durch seine Menschwerdung in Jesus Christus dem Menschen nahegekommen ist. Grund dafür ist die Menschenliebe Gottes, die sich am deutlichsten im Leiden und Sterben Jesu Christi am Kreuz zeigt: »Nichts als die Lehre von seinem Leiden und Tode (denn das ist das Nobelste, das man sich vorstellen kann) macht ihn mir zum Gott … Denn es kann niemand so denken und so was ausführen als Gott. Die Noblesse seines Gemüts setzt ihn bei mir weit mehr über alles weg als seine Taten, die hat mich zum Proselyten gemacht, aber kein theologischer Beweis, den ich jemals gehört.«[1] Weil Jesus Christus Menschen liebt, hat er »Durst« nach Seelen: Er kann »die Seelen nicht lassen«, er kann »ohne die Seelen nicht zurechte kommen«.[2]

Durch seine Offenbarung in Jesus Christus hat Gott sich dem Erkenntnisvermögen des Menschen angepasst, hat sich ihm »akkomodiert«. In Jesus von Nazareth hat der unsichtbare Gott ein Gesicht bekommen, ist seitdem für den Menschen anschaulich, ja sogar anfassbar geworden. Hinter diesen Überlegungen steht der Gedanke der Kondeszendenz Gottes, seiner Herabneigung zum Menschen, die sich in der Menschwerdung vollendet.[3] Zinzendorf hat in diesem Zusammenhang das irdische Leben Jesu in unerhörter Kühnheit psychologisiert, d.h. durch und durch vermenschlicht.[4] Jesus gleicht in seiner menschlichen Entwicklung, selbst in seiner Sexualität, dem Menschen.[5] Die Lospraxis – wie das Amts- und das Ehelos, aber auch die Losungen – stellen die praktische Konsequenz für das Zusammenleben der Brüdergemeine dar, dass Gott dem Menschen in Jesus Christus unvergleichlich nahe ist.[6]

Lebendige Stimme Jesu Christi

Die Erfindung der Losungen ist auch eine Konsequenz von Zinzendorfs Bibelverständnis, das er in Auseinandersetzung mit der Verbalinspirationslehre der Orthodoxie, der Abwertung der Schrift durch den Spiritualismus und dem moralistischen Verständnis des älteren Pietismus entwickelte.[7] Das Schriftverständnis des Grafen ist auf Jesus Christus konzentriert. Der Grund für diese Konzentration lag in der besonderen Art, wie sich sein Glaube entwickelt hat. Seit frühester Kindheit, bevor er überhaupt lesen konnte, richtete sich Zinzendorfs Glauben auf Jesus als den Mittler zwischen Gott und Mensch. Erst später entdeckte er, dass Jesus Christus auch im Zentrum der biblischen Botschaft seht. Der Graf erinnert sich: »Er (der Heiland) ist unser Boden, daß wir nicht versinken, unser Gewölbe über uns, daß der Himmel nicht über uns einfällt, kurz unser alles. Das alles ist nicht sowohl Affekt, Bewegung, und was man nur so etwa Herz nennen kann, sondern es ist viel Abstraktion, trockene Wahrheit und philosophische Konviktion [= Überzeugung] dabei, daß ich so sehr auf die Sache treibe. Denn ich habe das Unglück gehabt, daß ich nicht bei der Bibel angefangen habe, über diese Materie zu denken, sondern ich bin vielmehr in medio [= inmitten] einer philosophischen Meditation angenehm sürpreniert [= überrascht], und erfreut worden, als ich meine Gedanken mit der Bibel korrespondent fand.«[8]

So war weniger ein formaler als vielmehr ein inhaltlicher Grund für Zinzendorfs Hochschätzung der Schrift verantwortlich. Erst im Verlauf eines längeren Prozesses erkannte er, dass die Schrift die einzige Quelle der Offenbarung Gottes an den Menschen ist. »Denn ausser der heiligen schrift muß man weder reden noch denken in geistlichen sachen.«[9] Dieses in Anlehnung an Martin Luther formulierte theologische Erkenntnisprogramm stammt aus den »Berliner Reden« von 1738, Zinzendorfs Bestseller.[10]

Der Graf räumte damit der Schrift eine einzigartige Autorität ein, was ihn in die Nähe der Verbalinspirationslehre der lutherischen Orthodoxie bringt. An der Bibel muss sich jede Erkenntnis Gottes prüfen lassen: »… weil es ja ein grosses unglük wäre, wenn man mit der schrift zusammenstossen solte, die das einige regel=maaß unserer geistlichen gedanken, worte und werke seyn muß.«[11] Bisweilen konnte Zinzendorf die Bibel geradezu in hymnischer Weise preisen. Derselbe Gott, der in seiner unendlichen Weisheit Himmel und Erde schuf, war auch Urheber der Schrift. Gegenüber Gottes Offenbarung in der Schrift ist darum demütige Ehrfurcht die einzig angemessene Haltung. Selbst die Engel waren gespannt, das Wunderwerk der Schrift kennenzulernen.[12]

Trotzdem ist Zinzendorfs Schriftverständnis nicht mit der Verbalinspirationslehre der lutherischen Orthodoxie gleichzusetzen. Die Bibel war für den Grafen nicht primär Quelle von dogmatischen Glaubenswahrheiten. Vielmehr stand für ihn die existenzielle Erfahrung im Zentrum, dass die Bibel *Anrede* Jesu Christi an den Menschen ist. Genau diese Erfahrung liegt Zinzendorfs Erfindung der Losungen zugrunde. Die Losungen hatten die Aufgabe, dass jedes Gemeindeglied in der Schrift die »lebendige Stimme Christi« hören konnte, um in »Connexion« [= Verbindung] mit ihm zu kommen.[13]

Dem Grafen wurde in der Vergangenheit immer wieder vorgeworfen, er sei mystischer Spiritualist gewesen und habe an eine Verbindung mit Gott ohne Vermittlung des Wortes geglaubt und damit *die* Grundlage reformatorischer Theologie verlassen.[14] Tatsächlich gibt es Aussagen, die man so deuten könnte. Sieht man aber genauer hin, ist Folgendes nicht zu verkennen: Zinzendorf führte einen Zweifrontenkrieg gegen die lutherische orthodoxe Theologie und gegen den Spiritualismus.[15] Beide Bewegungen hatten für ihn ihr relatives Recht. Man kann dies der Aufnahme bestimmter Gedanken aus beiden Richtungen in seine Schriftlehre entnehmen. In der Hochschätzung der Schrift trifft er sich mit der *Orthodoxie*. So steht die Göttlichkeit der Schrift für ihn undiskutierbar fest.[16] Er begründet diese Aussage – und darin liegt der Unterschied – aber nicht formal,[17] sondern inhaltlich, von Jesus Christus her. Die Bibel ist für ihn zunächst *Anrede* Jesu Christi.[18] Hierin besteht ihre eigentliche Bedeutung. Wird christlicher Glaube allein als ein Fürwahrhalten von Schriftaussagen, unabhängig von der persönlichen Glaubensverbindung zum gekreuzigten und auferstandenen Jesus Christus aufgefasst, wie es in der späten Orthodoxie häufig geschah, liegt für ihn ein falscher, weil letztlich toter Glaube vor.

An dieser Stelle traf er sich mit einem Grundanliegen des Pietismus und des Spiritualismus seiner Zeit: Im christlichen Glauben geht es primär um die persönliche Verbundenheit mit dem auferstandenen Gekreuzigten, d. h. mit dem hier und heute gegenwärtigen Jesus von Nazareth. Da diese Verbindung auch ein Hauptanliegen von Luthers Theologie war, wagte Zinzendorf damit den Brückenschlag über die lutherische Orthodoxie hinweg zur Reformation. *Die Schrift besitzt eine innere Zugkraft zu Jesus Christus*, weil er zugleich ihr Autor und ihr Inhalt, ihr Subjekt und ihr Objekt ist. Dadurch wird die Schrift untrennbar mit dem lebendigen Jesus Christus verbunden. Weil dieser noch heute durch die Schrift redet, gerät sie in eine unerhörte, beinahe bedrohliche *Gleichzeitigkeit* zu ihren Lesern. Jesus Christus selbst überbrückt »den garstigen Graben der Geschichte« (Gotthold Ephraim Lessing, 1729–1781), durch den andere Schriften der Antike von uns getrennt sind: »Wir sehen den Heiland nicht leiblich, welches auch nichts hilft, wie an den leuten seiner zeit zu merken war, können Ihn also auch nicht leiblicher weise aufnehmen, wie die Jünger zur zeit seiner leiblichen und sichtbaren gegenwart auf der welt thaten; aber das Wort von Christo ist uns eben so nahe, und macht das geheimnis des Creutzes so klar, als wenn der Herr noch vor unsern augen hinge.«[19] Zinzendorfs Gedanken liegen hier auf einer Linie mit der reformatorischen Wort-Theologie: Im Wort der Schrift ist uns Jesus Christus genauso nahe, wie der irdische Jesus von Nazareth seinen Jüngern nahe war. Der Graf spitzt diesen Gedanken noch zu, indem er behauptet, dass bereits zu Jesu Lebzeiten sein Wort das einzige Mittel des Umgangs mit ihm war – sich durch seine Auferstehung und Himmelfahrt daran nichts geändert hat.[20] Nicht das Anschauen Jesu, sondern das *Reden* mit ihm war von Anfang an die Grundlage der Gemeinschaft mit ihm.

Dass der Leser in eine Gleichzeitigkeit mit den in der Schrift berichteten Ereignissen gerät, bedeutet, dass er sich in ihren Worten selbst wiederfindet. Er ist mitverantwortlich dafür, dass Jesus am Kreuz sterben musste. Ganz persönlich gilt ihm aber auch Gottes Angebot der Vergebung und die Verheißung des ewigen Lebens. Zinzendorf hat das reformatorische pro me [= für mich] als entscheidende Absicht des in der Bibel Berichteten wiederentdeckt.

Entscheidend für das Schriftverständnis Zinzendorfs und der Brüdergemeine war die »combination des Worts und der personellen connexion mit Ihm«, die Verbindung von Bibelwort und persönlichem Glauben an Jesus Christus. In den Losungen ist diese »combination« in unüberbietbarer Weise verwirklicht. Darum liebt Zinzendorf sie so. Die Schrift ist für den Grafen nie *Selbstzweck*, sondern immer nur *Mittel zum Zweck*, d. h. Mittel zum Umgang mit Jesus Christus. »Das Wort [= die Bibel] muß den ausschlag geben, und die sache versichern, aber es muß uns nicht genug seyn. Das lesen und studiren in der Bibel, die betrachtung der schrift muß uns nicht aequipollent [= gleichwertig] seyn mit dem umgang, den wir mit unserm Gott und Heiland in Person haben können und sollen. Die heilige schrift muß uns freilich immer das seyn, wohin wir recurriren [= zurückkehren], wo wir nachsuchen, und unsern zärtlichen, aber unsehendlichen umgang [= mit Jesus] prüfen; aber eben das beweist, daß wir mit Ihm selbst bekant werden, und seine stimme hören müssen.«[21]

Die »combination« von Wort und Glaubensgemeinschaft mit Jesus Christus stellt ein lebendiges Verhältnis dar, das weder zur orthodoxen noch zur spiritualistischen Seite hin umkippen darf.[22] »Es liegt also im Wort Gottes mehr als man sich ordinär einbildet, es ist ein verborgener schatz, eine wahre perle. Wer einmal recht dahinter kommt, was drinnen liegt, und seine force erfährt, der weiß, wie es an den Mann, an die Person anzieht [nämlich an Jesus Christus], und wie wenig es möglich ist, mit seinem Wort bekant seyn, ohne zu dem Mann selbst zu kommen, der es geredet. Denn wenn man sich das wort nicht bald zu dem führen läßt, ders ausgesprochen hat, der der eigentliche grund und erste gedanke und das object davon ist; so wird man bald confundirt, und versteht alles verkehrt.«[23]

»Extrahierte Bibel« und »Quint-Essenz« der Heiligen Schrift

Die Losungen sind für Zinzendorf »extrahierte Bibel«.[24] Wie ein Maggiwürfel enthalten sie die »Quint-Essenz«[25] der Heiligen Schrift. Der Graf war überzeugt, dass nur derjenige die lebendige Stimme Jesu Christi in der ganzen Bibel zu hören vermochte, der den »General-Geist« der Schrift besaß, der ihn den Gesamtzusammenhang der Bibel verstehen ließ. Bis es soweit war, mussten der Gemeinde diejenigen Bibelverse gesagt werden, aus denen sie Jesu Stimme zweifelsfrei, ohne Auslegung, vernehmen konnte. Diese Aufgabe sollten die täglichen Losungen als Weisungen des auferstandenen und gegenwärtigen Herrn erfüllen.

Die damals einsetzende Bibelkritik der Aufklärung mit ihrer Scheidung zwischen dem Wort Gottes und den Worten der Bibel ließ dieses Ziel hochaktuell werden. Es waren nicht zuletzt die Losungen, durch die die Brüdergemeine zu einer konstruktiven Auseinandersetzung mit dem Schriftverständnis der Aufklärung befähigt werden sollte. Die Beschäftigung mit der Bibelkritik zeigt Zinzendorf als Theologen, der die Zeichen der Zeit erkennt und richtig deutet. Er hat nach der Bibel kein Buch so oft und regelmäßig gelesen wie Pierre Bayles »Dictionnaire historique et critique«.[26] Bayle fordert das christliche Denken auf, seinen Wahrheitsanspruch von der Voraussetzung zu lösen, als selbstverständlich anerkannt zu sein. Stattdessen hat es sich der Kritik zu stellen.[27] Christliche Erkenntnisse gelten seit der Aufklärung in der Gesellschaft nicht mehr automatisch als wahr. Damit ist der Theologie eine Neubegründung ihrer Wahrheit aufgetragen. Der Graf sieht, dass die ganze orthodoxe lutherische Theologie und deren Schriftlehre auf der *unbezweifelten* Anerkennung der christlichen Wahrheit fußt. Die Göttlichkeit der Schrift konnte sie aber nur so lange auf vernünftigem Wege beweisen, wie die Vernunft von vornherein vom christlichen Wahrheitsbewusstsein geprägt war. In dem Moment, wo das öffentliche Wahrheitsbewusstsein nicht mehr biblisch geprägt war, musste auch ein rationaler Beweis für die Göttlichkeit der Schrift brüchig werden. Indem der Graf darauf verzichtet, die Schrift mit den stumpf gewordenen Waffen der Orthodoxie zu verteidigen, schafft er Raum für eine neue, *zeitgemäße* Begründung ihrer Einzigartigkeit. Diese Begründung kann für ihn nicht auf dem Feld der Vernunft liegen. Die Ratio ist unfähig, dem Glauben zu gewissen Einsichten zu verhelfen. Mit Bayle geht er davon aus, dass Überzeugungen in Fragen der Religion niemals zu Vernunfteinsichten erhoben werden können.[28]

Wie begründet Zinzendorf aber dann die besondere Wertschätzung der Schrift gegenüber ihrer Infragestellung durch die Kritik? Zunächst fällt auf, dass seine Aussagen zur Qualität der Bibel uneinheitlich sind. *Einerseits* spricht er unbefangen von Irrtümern,[29] Gegensätzen[30] und Fehlern,[31] von schlechtem Stil,[32] zeitbedingtem Ausdruck und zeitbedingter Argumentation[33] und meint, dass die Bibel ganz unsystematisch sei.[34] *Andererseits* behauptet er, dass keine einzige »Contradiction« [»Widerspruch«] darinnen sei,[35] dass unter den unterschiedlichen Arten sich auszudrücken allemal eben derselbe Sinn sei,[36] dass die Bibel unfehlbar sei,[37] dass die Harmonie ihrer Ideen gleich bleibe[38] und schließlich, dass ihre Ausdrücke unfehlbar seien.[39] Schaut man genauer hin, so entdeckt man, dass er zwischen einer zeitbedingten äußeren Gestalt und ihren das Heil unmittelbar betreffenden Aussagen unterscheidet.[40] Nur im Hinblick auf ihre Heilswahrheiten ist die Bibel unfehlbar.[41]

Ihre äußere Gestalt kann er dabei umso leichter der Kritik preisgeben, als er es geradezu genial versteht, diese Kritik für sein Anliegen, die Schrift groß zu machen, in Dienst zu nehmen. Z. B. sagt er, »… das die Schrift so viel Fehler hat, als kaum ein Buch, das heutiges Tages herauskommt, welches mir wenigstens ein unumstößlicher Beweis für ihre Göttlichkeit ist.«[42] Wieso das? Er wendet hier einen Gedanken seiner Kreuzestheologie auf das Schriftverständnis an: Die Fehler – etwa bei Zeitangaben – sind Beispiele für die Anpassung des Heiligen Geistes an das menschliche Fassungsvermögen.[43] Dieser streitet nicht gegen die natürlichen Voraussetzungen der biblischen Autoren, sondern nimmt die Menschen samt ihrer Eigenarten für sich in Dienst.[44] Das gilt auch für ihre Unvollkommenheiten. Als Geist des Gekreuzigten bringt er keine der menschlichen Irrtumsfähigkeit entrückte Bibel hervor. Die Offenbarung bleibt wie in Jesus von Nazareth auch in Gestalt der Schrift unter ihrem Gegenteil verborgen: Sie ist unansehnlich, überhörbar und missverständlich. Zinzendorf hat mit diesen Überlegungen gegenüber der Orthodoxie das theologische Recht auf seiner Seite.

In den Losungen zieht er die praktische Konsequenz aus seinem von der Kreuzestheologie geprägten Schriftverständnis: Es handelt sich dabei ausschließlich um biblische Aussagen, die das Heil des Menschen betreffen. Schriftaussagen, die von geschichtlichen, biologischen, geografischen u. a. Sachverhalten handeln, müssen schon aufgrund der Kürze des Losungswortes unberücksichtigt bleiben.

Der Graf will aber nicht nur die Kreuzesgestalt der Schrift zur Geltung bringen; in seinem Schriftverständnis schwingt noch ein weiterer Gedanke mit: Er gehört zu den Bewunderern des Einfachen und Natürlichen, damit auch des Individuellen und Geschichtlichen im 18. Jh.[45] So sieht er in der Schrift »… mit der allergrössesten Simplicität [= Einfachheit] und Einfalt der Rede eine solche inimitable [= unnachahmliche] Weisheit verbunden…, daß es niemand als Gott so machen kan.«[46] Gerade die Einfachheit, ja die Einfalt, ist die der Weisheit des Heiligen Geistes angemessene Gestalt. Die Autoren der Schrift haben einfältig darauf vertraut, dass Gott den Leserinnen und Lesern ihre Worte verständlich machen werde.[47] Daher haben sie auch nicht zwanghaft die Wahrheit des von ihnen Gesagten begründet oder später an ihren Schriften herumkorrigiert.[48] Genauso wenig hat Gott es nachfolgenden Theologen erlaubt, die Schrift zu »verbessern«.[49]

Auch die Einfachheit der Schrift bildet sich in den Losungen ab: Die Losungsverse sind gewöhnlich kurz und prägnant und wollen ohne exegetische Kenntnisse unmittelbar verständlich sein.

Weil die Erkenntnis Gottes in der Schrift in unscheinbarer Gestalt vorliegt, ja *verborgen* ist, ist sie der menschlichen Vernunft nicht ohne weiteres zugänglich.[50] Dass die Bibel Gottes Wort ist, erfährt ein Mensch nur im Glauben an Jesus Christus, der durch den Heiligen Geist in seinem Herzen gewirkt werden muss.[51] Der Glaube ist das Tor, durch das jeder gehen muss, um den Raum der Bibel betreten zu können und in ihm daheim zu sein, ohne dauernd an ihren Aussagen Anstoß zu nehmen.[52] Den logischen Zirkel, dass Jesus Christus andererseits nur durch das Medium der Schrift erkannt werden kann, löst Zinzendorf nicht auf. Dass der Leser der Schrift auf den Geist Gottes angewiesen bleibt, ist für ihn Beweis für die Glaubwürdigkeit der Schrift: Weil die Schrift *Gottes* Wort ist, kann ein Mensch sie nicht aus eigener Vernunft und Kraft verstehen, sondern muss Gott selbst dem Leser ihr Verständnis durch seinen Geist öffnen.[53]

Die Idee der Losungen stellt die Angewiesenheit des Verstehens der Schrift auf den Heiligen Geist nicht infrage – im Gegenteil. Der Graf versteht die Losungen als notwendige spirituelle Hilfe auf dem Weg zu einem vom Geist Gottes gewirkten Verstehen der Bibel. Mit den Losungen gab Zinzendorf der Brüdergemeine eine *praktische* Hilfe an die Hand, in das Vertrauen zur Bibel hineinzuwachsen. Die Losungen sind ein hervorragendes Mittel, damit Gottes Geist Menschen das Verständnis für den Gesamtzusammenhang der Bibel öffnen kann. Zinzendorfs Umgang mit der Bibelkritik erscheint heute noch richtungweisend: Er ersparte seiner Gemeinde nicht die Auseinandersetzung mit ihr, sondern führte sie in ihr relatives Recht, aber auch in ihre Grenzen ein.[54] Auf diese Weise befähigte der Graf die Brüdergemeine – angesichts eines in weiten Kreisen der Christenheit schwindenden Vertrauens in die Schrift – in einer Art von reflektiertem Vertrauen an ihrer Glaubwürdigkeit und Einzigartigkeit festzuhalten. Vor allem schuf er in den

Losungen eine spirituelle Form, die es ihr erlaubte, die Kraft des biblischen Wortes im konkreten Alltag täglich zu erproben.

Tagesparole im Kampf gegen die Mächte der Zerstörung: Teil von Zinzendorfs Streiteridee

Die Losungen sind Teil von Zinzendorfs Streiteridee. Von ihrem Ursprung her waren sie daher nicht als Mittel zur Pflege der persönlichen Frömmigkeit gedacht.

Durch die Erweckung im Jahre 1727 war die Brüdergemeine von einer gemeinsamen Streiteridee erfasst worden.[55] Was ist darunter zu verstehen? Die christliche Kirche hat sich schon in frühen Zeiten *ecclesia militans*, streitende, kämpfende Gemeinde, genannt. Sie verstand sich als militia Christi, als Armee Christi. Christsein bedeutete Einsatz für die Ausbreitung des Reiches Gottes, Kampf gegen die Mächte der Zerstörung in dieser Welt. Nikolaus von Zinzendorf war, wie Johann Gottfried von Herder ihn genannt hat, ein »Eroberer« im Dienste Jesu Christi.[56] Bereits als Knabe wollte er Menschen für Jesus gewinnen. Als 14jähriger sorgte er sich darum, ob sein Lehrer August Hermann Francke, der Begründer der protestantischen Weltmission, ihm wohl genug unbekehrte Menschen übriglassen werde.[57] Eine vergleichbare Sorge im Hinblick auf die militärische Eroberung der damaligen Welt wird dem jungen Alexander zugeschrieben, nachdem sein Vater Philipp von Makedonien Griechenland erobert hatte.

Den Kern der jungen Brüdergemeine bildeten die Mähren, Nachfahren der Böhmischen Brüder, die gezeigt hatten, dass sie bereit waren, für ihren Glauben mit dem Leben einzutreten. Sie hatten in der von der Gegenreformation bedrückten böhmischen Heimat im Gefängnis gesessen und bei der Flucht nach Sachsen »den Raub ihrer Güter mit Freuden erduldet« (Hebr 10,34). Dieser Streitergeist, der in Freiheit für Jesus Christus und den Nächsten leben wollte, durchdrang in der Folgezeit die Brüdergemeinen auf der ganzen Welt. Motiviert wurden die Mitglieder der Gemeinde, die sich als Brüder und Schwestern verstanden, von der in Jesus Christus erschienenen *Liebe* Gottes. Wer Streiter des Heilands werden wollte, musste zuvor selbst dessen Gnade erfahren haben: »Wollt ihr Posaunen der Gnade sein, / räumt euch der Gnade erst selber ein, / werdet durch die Wunden, die ihr verkündigt, / selbst mit Gott ausgesöhnt und entsündigt, / danach bekennt.«[58] Der leidende Heiland am Kreuz berief Menschen zum Einsatz für das Reich Gottes: »Sein Angstgeschrei, sein Fleh'n mit heißen Tränen / errege dir ein unaufhörlich Sehnen, / ihm Seelen in den Arm und Schoß zu tragen / und dich zu wagen.«[59] Dass der *ohnmächtige* Gottessohn, der gerade in seiner Ohnmacht den Tod besiegte, in die militia Christi rief, machte unmissverständlich ein Doppeltes klar: So wie die Nachfolge Jesu aus freien Stücken erfolgte, musste die Einladung zum Glauben eine ganz und gar freiwillige Angelegenheit bleiben – frei von jeglichem Zwang.

Das Selbstverständnis Zinzendorfs und der Brüdergemeine, ecclesia militans zu sein und zur militia Christi zu gehören, hat zwei für die Brüdergemeine charakteristische Spiritualitätsformen hervorgebracht: die Losungen und die sog. Streiterlieder. Bis heute erkennen sich auf der ganzen Welt die Mitglieder einer militärischen Truppe mit Hilfe einer täglich wechselnden Losung wieder. Zinzendorfs Losungen waren »eine Nachahmung der militärischen Tagesparolen im Soldatenlager«.[60] In ihnen fand eine Vergeistigung des ritterlichen Erbes des Grafen statt.[61] Die Losung der Brüdergemeine war Parole für den geistlichen Kampf in der Nachfolge Jesu Christi. Mit ihrer Hilfe sollten die Gemeindeglieder zu einer Gemeinschaft zusammenwachsen, die für Gottes Ehre und für das Heil der Menschen kämpfte. Dies belegt eine Reihe von Losungen aus deren Frühzeit. Ich nenne drei Beispiele von 1729 und 1731: »König, brauch dein Regiment!«; »Um des Himmels willen muß das Leben, Leib und Kraft gewaget werden«. Die Losung am 29.4.1731 lautete: »Komme ich um, so komme ich um« (Esther 4, 16). Christian David, der Erbauer Herrnhuts, fasste die Funktion der Losungen als Parole im spirituellen Kampf anschaulich zusammen: »Wir suchen auch einander durch die Brüderliche Losung kennen zu lernen […], ob einer mit uns ist, und regelmäßig kämpfet […]; wie denn solche Losung bey Feldschlachten in Krieges-Zeiten, um einander zu erkennen, gebräuchlich ist: Und weil wir nun auch mit dem Fürsten der Finsterniß angebunden haben, und mit der äussern und inneren Welt im Streite liegen, so ist es denn auch sehr nöthig, mit einerley Sinn gewapnet zu seyn […] und mit zusammen gesetzten Kräften die Macht der Finsterniß anzugehen, auf daß wir das Reich Gottes zu uns reissen mögen, und nicht dem Evangelio weder bey uns noch bey andern eine Hinderung machen.«[62]

Neben den Losungen kommt der in der frühen Brüdergemeine herrschende »Streitergeist« in Zinzendorfs *Streiterliedern* zum Ausdruck. Die erste Strophe eines Liedes, das heute auch im Evangelischen Gesangbuch steht, lautet:

»Wir wolln uns gerne wagen, / in unsern Tagen / der Ruhe abzusagen, / die's Tun vergisst. / Wir wolln nach Arbeit fragen, / wo welche ist, / nicht an dem Amt verzagen, / uns fröhlich plagen / und unsre Steine tragen / aufs Baugerüst.«[63]

Hinter den Streiterliedern steht Zinzendorfs Erkenntnis, dass die Christenheit ein »wanderndes Gottesvolk« ist (Hebr 11,8 f; 13,14), das im Kampf mit den Todesmächten dieser Welt steht. Weil aber das Ziel ihres Kampfes darin besteht, Menschen von Lebens- und Todesängsten zu befreien, ist ihr Leben kein verbissenes, sondern ein *fröhliches* Kämpfen.[64] Der »Streitergeist« blieb in der Brüdergemeine nicht unangefochten. Als 1735 bekannt wurde, dass in der Karibik fast alle Brüdermissionare den Tropenkrankheiten zum Opfer gefallen waren, brach in Herrnhut eine »Generalrevolte« aus. Erst nach Tagen hatte man sich wieder gefasst.[65] Trotzdem wurde der »Streitergeist« nicht gebrochen. Zinzendorf dichtete damals: »Nun werden zehn dahingesät, als wären sie verloren, auf ihren Beeten aber steht: das ist die Saat der Mohren.« Die Herrnhuter Missionare, die vor allem aus dem sog. Chor, der Gemeinschaft der ledigen Brüder kamen, zogen auch in Zukunft dorthin, wo Menschen im größten Elend lebten. Zu diesen »geringsten Brüdern« (Mt 25,40) wussten sie sich gerufen. Bei ihnen hielten sie aus, auch wenn ihr Einsatz sie oft das Leben kostete.

Losungen und Lospraxis

Die Losungen sind nicht ohne die Lospraxis zu verstehen, eine Besonderheit Zinzendorfs und der Brüdergemeine, die einzig in der Kirchengeschichte dasteht.[66] Das Losverfahren war zwar im 18. Jh. ein sowohl im religiösen wie im säkularen Bereich geübter Brauch.[67] Es wurde bei der Verteilung von Ämtern und der Aushebung von Soldaten verwendet und als Gottesurteil verstanden. Jedoch hatte es keine herausragende Bedeutung. Anders in der Brüdergemeine, wo es sehr früh geistliche Bedeutung und öffentliche Geltung erlangte. Es ist darum nicht verwunderlich, dass die Herrnhuter Lospraxis von Anfang an auf Unverständnis, ja scharfe Ablehnung gestoßen ist.[68]

Bereits 1725 wurde das Losverfahren bei der ersten Besetzung von Laienämtern angewandt.[69] Im Verlauf der weiteren Gemeindeentwicklung entstand eine regelrechte Losordnung, die allerdings zu Zinzendorfs Lebzeiten flexibel gehandhabt wurde. Die Gemeine stand hierin ganz unter seinem gestaltenden Einfluss.[70] Nach dem Tod des Grafen wurde der Losgebrauch genau festgelegten Regeln unterworfen. Ohne dessen Vollmacht, die den Losgebrauch, unbeschadet aller Auswüchse, geprägt hatte, kam es in der Folge zu seinem langsamen Verfall. 1889 wurden die letzten Reste eines amtlich verwendeten Loses abgeschafft.[71] Nur bei der Zusammenstellung der *Losungen* spielt die Lospraxis in der Brüdergemeine bis heute eine Rolle.

Welche theologischen Überlegungen stehen hinter der Lospraxis Zinzendorfs? Das Losen beruht auf der Gewissheit der persönlichen Nähe und Leitung des auferstandenen Jesus Christus. Man versteht die Lospraxis falsch, wenn man sie als ein mechanisches oder magisches Verfahren deutet. Dietrich Meyer hat schon vor Jahren gezeigt, dass die Lospraxis nicht von der Glaubensgemeinschaft mit Jesus Christus zu trennen ist.[72] »Das Loos ist ein actus religiosus, der sich auf die Gewißheit des Herzens gründet von seiner Nähe.«[73] Das Los lebt für Zinzendorf aus der Gewissheit der persönlichen Nähe und Leitung Jesu Christi.[74] Folgerichtig ist das Los der dauernden Glaubensgemeinschaft mit Jesus Christus untergeordnet, die zum Gefühl, zur »Salbung«, zur »Empfindung« von Gottes Willen führt. »Wenn man in dem Gefühl Gewißheit hat, so darf nicht geloset werden. Was durch das Gefühl angefangen ist, muß auch dadurch ausgeführt werden; das Loos ist sicherer, aber weniger.«[75] »Es darf nur nicht zur Gewohnheit werden«[76] – im Gegensatz zur »Connexion [=Gemeinschaft] mit dem Heiland« –, weil es zu den außergewöhnlichen Dingen des Glaubenslebens gehört.[77] »Erst nachdem die Sache so gut und weit wie möglich durchdacht ist, bleibt der letzte Ausweg des Losens, damit Christus in den oft jäh aufbrechenden Verlegenheiten des Alltags die Führung behalte und nichts gegen seinen Willen getan werde.«[78]

Unter Berufung auf das Vorbild der Bibel und Luthers[79] verstand der Graf das Los als Zeichen der Herablassung Gottes, der dem Menschen menschlich begegnet und doch frei bleibt. Die Brüdergemeine wollte sich durch das Los vergewissern, dass der Herr ihr gnädig war und unter ihr wohnte. Sie gebrauchte das Los, wie Christian David sagt, »weil er [= Christus] uns kindlich und einfältig gemacht, es zu wagen, um gern in allen Stücken seinen Willen zu erkennen und zu gehorsamen; nicht aber aus Vorwitz, Vermessenheit, um Gott vorzulaufen, brauchen wir das Los, sondern aus Einfalt, Demut und kindlichem Vertrauen, das Beste zu erwählen. Daher es auch allemal unter herzlichem Gebete, mit einem gelassenen Gemüte und gläubiger Zuversicht, daß er uns seinen Willen wird treffen lassen, geschieht«.[80] Um der Vermessenheit, Gott im Losverfahren zur Kundgabe seines Willens zu zwingen, einen Riegel vorzuschieben, führte man drei Lose ein: Neben einem Ja-Zettel und einem Nein-Zettel gab es das leere Blatt, das Aufschub der ganzen Frage bedeutete. Trotzdem entstand eine Reihe von Verirrungen. Neben einem Losgebrauch bei allzu unbedeutenden Fragen kam es zeitweise gerade im amtlichen Bereich zu einer unglaublichen Mechanisierung.[81]

Die theologischen Vorstellungen, die für den Losgebrauch insgesamt galten, trafen genauso für die Losungen im Speziellen zu. Die Kondeszendenz Gottes, seine Nähe zum Menschen, war auch für die Losungen selbstverständliche Voraussetzung. Der Graf rechnete damit, dass der auferstandene Jesus Christus durch das Losungswort am betreffenden Tag unmittelbar in die Situation der Gemeinde und jedes einzelnen Gemeindegliedes sprach. In der Vorrede zur Sammlung der Losungs- und Textbüchlein Zinzendorfs von 1762 wird diese Erwartung anschaulich zum Ausdruck gebracht: »Wenn einer Gemeine eine schwere Verfolgung bevorsteht, die zu ihrer Destruction bestellten Commissarii langen bey der Gemeine an, da die Loosung heißt: Fürchtet euch nicht, wenn euch die Leute schmähen, und entsetzt euch nicht, wenn sie euch verzagt machen; Gott mein Heil wird in Eil sie zu schanden machen; Sie fordern die Ältesten vor zur Verantwortung, und die Loosung heißt: Sorget nicht, was ihr antworten sollt, es wird euch zur Stunde gegeben werden; so kann die Gemeine ohmöglich zweifeln, ihr Herr habe ihr ein Jahr voraus (denn so lange waren die Loosungen schon vorher gemacht) anzeigen wollen, in was für Umstände sie zu der Zeit kommen werde, und wie sie sich dabey zu verhalten habe.«[82] Durch die Losungen tröstete Gott die Gemeinde und richtete sie auf, wies sie auf zukünftige Gefahren hin und gab ihr Hinweise zum rechten Verhalten.

»Wir haben den Kern aus der Schale herausgemacht«: Gründe für die Erfolgsgeschichte der Losungen

Für die Erfolgsgeschichte der Losungen lassen sich einige Gründe plausibel machen. Diese sollen im Folgenden entfaltet werden.

Biblische Kernstellen

Zinzendorf sagte in einer Rede am 2. Januar 1759 über die Losung: »Wir haben das seliglich eingerichtet, daß wir alle Tage des Herrn Wort hören, und zwar den Kern aus der Schale herausgemacht. In dem Buche, das man die Bibel nennt, ist die ganze Frucht in der Schale beisammen, wie sie zu verschiedenen Zeiten hervorgekommen ist und die Männer Gottes, getrieben durch den Heiligen Geist, geschrieben haben, daher ich gern sehe, daß wir die Losungen und Texte nicht als Menschen-, sondern als Gottesworte ansehen, wie sie es denn auch sind.«[1] Der Graf hat mit diesen Überlegungen einen entscheidenden Grund für die Erfolgsgeschichte der Losungen auf den Punkt gebracht: Die Losungen bestehen aus biblischen Kernaussagen. In ihnen ist »in nuce«, im Kern, das ganze Evangelium enthalten. Während die biblischen Texte insgesamt das Evangelium in unterschiedlicher Klarheit zur Sprache bringen, sollen die Losungsverse nach Zinzendorfs Willen ausschließlich dem Kernbestand der biblischen Botschaft entnommen werden. In ihnen kommt das Evangelium zweifelsfrei zur Sprache. Darum scheut sich der Graf nicht, von der Gemeinde zu fordern, die Losungen als unmittelbare Gottesworte zu betrachten. Schon die alte Lutherbibel ging davon aus, dass es Kernverse gibt, die – unmittelbar verständlich – das Zentrum des Evangeliums zum Ausdruck bringen. Bis heute werden diese Verse in vielen Bibelausgaben fett gedruckt.

In der Fortsetzung seiner Rede macht Zinzendorf klar, dass die Losungen dann ihr Ziel erreichen, wenn sie ihre Leserinnen und Leser in der Nachfolge Jesu Christi inmitten der christlichen Gemeinde bestärken: »Und wer sind wir, die das Wort hören, aussprechen und besingen? Leute, die zu den Toren seines [Jesu Christi] Hauses ein- und ausgehen. Er hat uns gemacht und nicht wir selbst, zu sein sein Volk, sein Gesinde, Leute, die vor ihm sitzen, knien, liegen und hören allezeit seine Weisheit, seine Treue, sein Verdienst und Tod und seine Nähe.«[2] Die Losungen sollen von Menschen gelesen werden, die zur christlichen Gemeinde gehören und an Jesus Christus glauben, für die das christologische Zentrum der Bibel eine Sache der praktischen Erfahrung darstellt.

Auswahl der Losungen aus dem Alten Testament

Ein weiterer Grund für den Erfolg der Losungen liegt darin, dass die Losungen aus dem Alten Testament genommen werden. Bereits bei Zinzendorf fällt eine Schwergewichtsverlagerung der Losungen zum Alten Testament hin auf, auch wenn er noch weit entfernt davon ist, die Losungen – so wie heute – ausschließlich aus dem Alten Testament zu nehmen.[3] Dennoch fällt die Betonung des Alten Testaments ins Auge. Dafür sind vor allem zwei Gründe maßgeblich. Für den Grafen ist Jahwe, der Gott Israels, kein anderer als Jesus Christus selbst.[4] Aufgrund seines Christozentrismus, der Konzentration seines Glaubens auf Jesus Christus, bleibt der Vater sowohl im Alten als auch im Neuen Testament hinter Christus verborgen. Der eigentlich Handelnde ist in der gesamten Bibel Jesus Christus. Auch im Alten Testament ist daher dessen Stimme unmittelbar zu hören. Dazu kommt ein zweiter Grund: Für Zinzendorf wird im Alten Testament noch drastischer als im Neuen Testament Gott als der in der Geschichte Handelnde erkennbar. In vielen Texten kommt er einzelnen Menschen, wie den Erzvätern, den Königen und Propheten, aber auch dem Volk Israel als ganzem unglaublich nahe. Er lässt sich gerade in den Geschichten des Alten Testaments weder auf die »Sinnmitte« der Welt noch auf eine verborgene »Tiefe des Seins« reduzieren. Vielmehr greift er redend und handelnd, richtend und rettend in die Geschichte ein.[5] »Daraus folgt, dass man ihn nur bezeugen kann, indem man von seinem Reden und Handeln, Richten und Erretten erzählt.« Genau dazu wollen die Losungen ihre Leserinnen und Leser ermutigen.

Überdies verweist das Alte Testament stärker noch als das Neue den Menschen an das irdische Leben. Weil Gott als der Schöpfer der Welt ein Liebhaber des irdischen Lebens ist, darf der Alltag durch den Glauben nicht vorschnell übersprungen werden.[6] Die alttestamentlichen Losungen sind in besonderer Weise »alltagserfüllt«. Gerade dadurch gewinnen sie für den Alltag ihrer Leserinnen und Leser unmittelbare Relevanz.

Wir sahen bereits, dass in der Betonung des Alten Testaments als Wort Gottes ein wichtiger Grund für die Sympathie lag, die die Losungen im Raum der Bekennenden Kirche während des Dritten Reiches genossen. Wie ein Schatten begleitete die Herabsetzung des Alten Testaments die Geschichte der neueren evangelischen Theologie seit der Aufklärung im 18. Jh. Die Versuche, das Alte Testament für überflüssig zu erklären, erreichten nach der liberalen Theologie im 19. Jh. bei den Deutschen Christen während der Herrschaft des Nationalsozialismus ihren Höhepunkt. Nach dem Zweiten Weltkrieg begann die evangelische Theologie – nicht zuletzt als Reaktion auf die Shoa –, sich verstärkt auf die Wurzeln des Christentums im Alten Testament und im Judentum zu besinnen. Sie erkannte, dass das Judentum wohl ohne das Christentum und ohne das Neue Testament existieren kann, dass es aber kein Christentum ohne Judentum und Altes Testament gibt. Indem die Losungen die neutestamentlichen Lehrtexte dem alttestamentlichen Losungswort zuordnen (und nicht umgekehrt), werden alle theologischen Versuche obsolet, das Alte Testament abzuschaffen.

Urchristliche Zuordnung von Altem und Neuem Testament

Durch die Losungen mit ihrer Zuordnung von alttestamentlichem und neutestamentlichem Bibelwort erfolgt eine Rückkehr zum Bibelgebrauch des Urchristentums. Die hebräische Bibel war zuerst! Die griechische Übersetzung des Alten Testamentes, die Septuaginta, stellte sowohl die Bibel des Diasporajudentums als auch der frühen Christenheit dar. Sie bildete die Grundlage der gottesdienstlichen Lesungen in den christlichen Gemeinden. Erst nach und nach traten die neutestamentlichen Texte – Briefe und Evangelien – hinzu. Die ersten Christen interpretierten das Schicksal Jesu Christi im Licht alttestamentlicher Verse. Gleichzeitig galt auch das Umgekehrte: Erst im Licht von Leben und Werk Jesu Christi wurde der Sinn bestimmter alttestamentlicher Aussagen erkennbar. Das Kommen Jesu Christi und das Alte Testament bildeten gemeinsam sowohl die Grundlage der theologischen Überlegungen des Apostels Paulus als auch der Evangelien. Heute zeigt das Losungsbuch täglich neu: Altes Testament und Neues Testament legen sich gegenseitig aus.

Verzicht auf Auslegung: Vertrauen auf die Selbstwirksamkeit der Schrift

Ein weiterer Grund für den Erfolg der Losungen liegt darin, dass sie auf eine Auslegung im klassischen Sinn verzichten. Die Losungen vertrauen stattdessen auf die Selbstwirksamkeit der Schrift. Immer wieder hat sich in der Vergangenheit gezeigt, dass die wissenschaftliche Auslegung den biblischen Text nicht automatisch vor der Vereinnahmung durch den Ausleger bewahrt. Häufig nahm die Auslegung den Texten ihre eigene Stimme, anstatt dieser zu ihrem Recht zu verhelfen und sie zum Klingen zu bringen.

In den Losungen bewährt sich die Selbstwirksamkeit der Schrift. Schon die lutherische Orthodoxie hat den biblischen

Aussagen diese Eigenschaft zugeschrieben. Sie ging davon aus, dass die Bibel die Kraft besitzt, sich selbst zur Geltung zu bringen. Zur Illustration ein Beispiel aus der jüngeren Vergangenheit: Während der friedlichen Revolution in der DDR 1989 ließ sich die Selbstwirksamkeit bestimmter Bibelstellen unmittelbar beobachten. Die biblischen Texte sprachen während der Montagsgebete für den Frieden unmittelbar zu den Menschen, ohne dass es dazu krampfhafter Aktualisierungsversuche bzw. rhetorischer Kraftakte bedurft hätte. »Die Nähe zu ihnen stellt sich wie von selbst her – bei den Informationsteilen, in den Betroffenheitserklärungen, bei der Verkündigung, in den Gebeten.«[7] Obwohl eine Vielzahl von Texten aus dem Alten und Neuen Testament gelesen bzw. gepredigt wurde, gab es doch einige Texte, die mehrfach Verwendung fanden. Dazu zählte Psalm 126.[8] In einer Kultur des Schweigens verliehen die biblischen Texte den bis dahin Stummen plötzlich Sprache. Man kann sich gut vorstellen, dass ein Text wie Psalm 126 half, lang unterdrückte Gefühle und Ängste, Sehnsüchte und Hoffnungen auszusprechen: »Wenn der Herr die Gefangenen Israels erlösen wird, werden wir sein wie die Träumenden.« »Die mit Tränen säen, werden mit Freuden ernten.«

Auch die widerständige Kraft der Bibel entfaltete sich in der damaligen Situation, nicht nur gegen die SED-Machthaber, sondern auch gegen die Demonstrierenden selbst. Im Mittelpunkt der Friedensgebete standen die Seligpreisungen – nicht etwa die Rachepsalmen –, die zum liturgischen Grundgut der Friedensgebete gehörten: »Selig sind die Friedfertigen; denn sie werden Gottes Kinder heißen. Selig sind, die um der Gerechtigkeit willen verfolgt werden; denn ihrer ist das Himmelreich« (Mt 5,9 f). Es lässt sich leicht nachvollziehen, dass die Aggressionen beim Anblick der vielen Polizeikräfte bei den Demonstranten immer mehr hochkochten. Schwer auszudenken, was ohne die biblischen Mahnungen zur Gewaltlosigkeit geschehen wäre.

Der Leipziger emeritierte Praktische Theologe Jürgen Ziemer zieht aus seinen Beobachtungen über die Rolle der Bibel bei den Friedensgebeten folgendes Resümee: Im Wesentlichen seien es Predigerinnen und Prediger und einzelne Mitglieder der Friedensgebetsgruppen gewesen, die sich der Bibel als Sprachhilfe bedienten. Erstaunlich war, dass sich die Mehrheit der Menschen, die in die Kirchen kam, bereitwillig auf die biblischen Gedanken einließ. Dazu muss man sich vor Augen halten, dass die Bibel in der DDR jahrzehntelang aus dem öffentlichen Raum verdrängt worden war. Das Hörinteresse im Herbst 1989 verdankte sich der Tatsache, dass während der Friedensgebete Wirklichkeit und Text unmittelbar miteinander verzahnt erschienen. Die Texte sprachen von sich aus. Die einzige Voraussetzung dafür war, dass die Prediger sich in die Wirklichkeit der Menschen hinauswagten und die biblischen Texte dorthin mitnahmen.

Offensichtlich bewahrheitet sich die Lehre von der Selbstwirksamkeit der Schrift auch im Zusammenhang mit den Losungen: Die Zeugnisse der vielen Losungsleserinnen und -leser sprechen eine deutliche Sprache.

Gottesdienstliturgie für den Alltag

Ein anderer Grund für die Erfolgsgeschichte der Losungen besteht darin, dass die drei Texte im Losungsbuch zusammen eine komprimierte Gottesdienstliturgie für jeden Tag darstellen. Wer die drei Texte meditiert, feiert einen kleinen persönlichen Gottesdienst. Dabei kann er sich auf die protestantische, auf Martin Luther selbst zurückgehende Definition des Gottesdienstes als »Gespräch mit Gott« berufen. Der Reformator sagte in seiner Predigt anlässlich der Einweihung der ersten neu gebauten evangelischen Kirche, der Schlosskirche zu Torgau an der Elbe, am 5. Oktober 1544: »Meine lieben Freunde, wir wollen jetzt dies neue Haus einsegnen und unserem Herrn Jesus Christus weihen. Das gebührt nicht mir allein, sondern ihr sollt auch zugleich mit angreifen, auf dass dieses neue Haus dahin gerichtet werde, dass nichts anderes darin geschehe, als dass unser lieber Herr selbst mit uns rede durch sein heiliges Wort und wir umgekehrt mit ihm reden durch unser Gebet und Lobgesang.«[9] Das Wesen des evangelischen Gottesdiensts besteht demnach in der Anrede Gottes an den Menschen und in dessen Antwort an Gott.

In Losung und Lehrtext hört der Losungsleser auf Gott. Während die alttestamentliche Losung den Predigttext bildet, handelt es sich beim neutestamentlichen Lehrtext um Auslegung bzw. Predigt. Die Losungen gehen implizit von dem reformatorischen Auslegungsgrundsatz aus, dass die Schrift sich selber auslegt, d. h. eine Schriftstelle durch eine andere ausgelegt wird. Im Hintergrund steht die reformatorische Überzeugung, dass es derselbe Geist Gottes war, der den ersten und den letzten Vers der Bibel inspirierte. Der Dritttext eröffnet dem Leser die Möglichkeit, sich das Gehörte zu eigen zu machen und darauf mit dem vorgeschlagenen Gebet bzw. der Liedstrophe zu antworten.

Ein Vorteil in Zeiten des Individualismus besteht darin, dass der Gottesdienst mit Hilfe des Losungsbuches sowohl von jedem für sich allein als auch in Gemeinschaft mit anderen – etwa in der Familie – gefeiert werden kann.

Andacht in Kurzform

Schließlich ist noch eine letzte Ursache für den anhaltenden Erfolg der Losungen zu nennen: Sie liegt schlicht in ihrer Kürze. In einer Leistungsgesellschaft, in der die Zeit zum kostbarsten und teuersten Gut geworden ist, stellt das einen nicht zu unterschätzenden Vorteil der Losungen dar. Um sie zu lesen, bedarf es keines großen äußeren oder inneren Aufwandes. Häufig, im Idealfall, sind es nur drei inhaltlich prägnante Sätze, die zu meditieren sind. Zum Verständnis sind keine Hilfsmittel nötig. Es werden deshalb auch keine weiteren Bücher benötigt. Das kleine Losungsbüchlein lässt sich auf jede Reise mitnehmen.

Wenn Entscheidungen anstehen: Können Losungen Ratgeber sein?

Die Losungen sind kein Orakelspruch! Aber sie bewähren sich als Ratgeber in den unterschiedlichsten Lebenslagen. Im Folgenden möchte ich zunächst begründen, warum man die Losungen missversteht, wenn man sie als Orakelspruch gebraucht. Gleichzeitig bezeugen viele Menschen, dass sie ihnen in schwierigen Entscheidungssituationen Ratgeber waren. Dazu kommt eine Reihe von prominenten Entscheidungsträgern aus Politik, Wirtschaft und Kirche in Zeugnissen und Statements selbst zu Wort. Im letzten Teil des Kapitels soll daraus ein Resümee für einen theologisch verantworteten Losungsgebrauch gezogen werden.

Die Losungen – kein Orakelspruch

Immer wieder wird gegen die Losungen der Vorwurf erhoben, dass sie als Orakel missbraucht würden. Wer wollte leugnen, dass dies möglich ist und sicherlich von Zeit zu Zeit auch vorkommt? Solange es Menschen gibt, werden sie sich darum bemühen, in schwierigen Situationen die richtige Entscheidung zu treffen. Menschen außerhalb der christlichen Gemeinde neigen dazu, das Horoskop in der Zeitung zu lesen oder eine Wahrsagerin um Rat zu fragen. Für Christen liegt es näher, die ihnen vertrauten Mittel zu benutzen, um zu einer Entscheidung zu kommen. Im 18. Jh., im Zeitalter des älteren Pietismus, war das sog. Däumeln verbreitet. Man schlug die Bibel an einer beliebigen Stelle auf. Der Vers, auf dem der Daumen dabei zu liegen kam, wurde als unmittelbare Botschaft von Gott verstanden. In verzweifelten Notlagen kann es seelsorgerlich erlaubt sein, Gott auf diese Weise um ein Wort zu bitten, das direkt in die Situation hineinspricht. Zur Regel sollte solch ein Vorgehen allerdings nicht werden.

Das Losungsbuch zeigt bereits durch seinen Aufbau, dass die Losungsworte kein Orakelspruch sind. Es gibt sie nämlich nur im »Dreier-Pack«: als Losung, Lehr- und Dritttext! Der Dreiklang der Losungstexte lässt sie zu einem symphonischen Auslegungsgeschehen werden, das den Missbrauch des einzelnen Losungswortes als Orakelspruch verhindert. Die alttestamentliche Losung wird aus einer Spruchsammlung »ausgelost«. Diese Spruchsammlung wird etwa alle zehn Jahre revidiert – nicht zuletzt, um unverständliche bzw. schwer verständliche Bibelworte auszusortieren, die zu Fehldeutungen einladen. Zu dem alttestamentlichen Losungswort tritt ein Bibelvers aus dem Neuen Testament, der sog. Lehrtext, der nicht ausgelost wird, sondern vom jeweiligen Losungsbearbeiter der Brüdergemeine aufgrund seiner inhaltlichen Beziehung zur alttestamentlichen Losung bewusst ausgewählt wird. Er stellt eine Verständnishilfe, ein Auslegungsangebot für das Losungswort dar. Mit dem Lehrtext kommt der gesamtbiblische Zusammenhang ins Spiel. Aus dem alttestamentlichen Solitär wird auf diese Weise ein Wort, durch das die ganze biblische Botschaft brennpunktartig zum Leser spricht. Auch der sog. Dritttext, bestehend aus Gebet oder Liedvers, verhindert einen Missbrauch der Losung als Orakelspruch. In ihm kommt exemplarisch die Wirkungsgeschichte der beiden Bibelworte aus dem Alten und dem Neuen Testament zum Ausdruck. Der Dritttext macht ein Doppeltes deutlich: Keiner kann die Bibel völlig neu verstehen. Als Bibelleserinnen und -leser sind wir immer schon eingebunden in eine mehrere tausend Jahre umfassende Auslegungsgeschichte. Das muss kein Nachteil sein. Im Gegenteil: die Auslegungsgeschichte stellt eine unschätzbare und unverzichtbare Hilfe zum Verständnis der Bibel heute dar. Wir erhalten den Geist Gottes nämlich nicht unmittelbar, sondern nur im Gespräch mit den Vätern und Müttern des Glaubens, d.h. in Anknüpfung und Weiterführung ihrer geistlichen Erkenntnisse. Wie Zwerge stehen wir auf den Schultern von Riesen, was, wenn es gut geht, den Zwergen ermöglicht, ein Stück weiter zu schauen als die Riesen.[1] Natürlich gibt es auch falsche oder defizitäre Auslegungen und Auslegungstraditionen, die nur durch ein neues Hören auf das ursprüngliche Bibelwort überwunden werden können. Über das Eingebundensein in einen großen Auslegungszusammenhang hinaus vermitteln die Dritttexte die Erkenntnis, dass wir die Losungen nicht alleine lesen. Wir tun es zusammen mit Millionen anderer Christen. Dadurch wird konkret erfahrbar, dass unser persönliches Schicksal einbettet ist in den Weg der Gemeinde Jesu Christi zu allen Zeiten und in allen Weltgegenden.

Von Anfang an gehörten Losungsgebrauch und die kontinuierliche Lektüre der gesamten Bibel zusammen. Heute wird das rein optisch daran sichtbar, dass unter den drei Losungstexten Angaben zu einer Kirchenjahresbibellese und zu einer ökumenischen fortlaufenden Bibellese, die im Lauf von vier Jahren durch die ganze Bibel führt, abgedruckt sind. Kein Losungsgebrauch ohne kontinuierliche Lektüre der gesamten Bibel!

Die Losungen als Ratgeber in Politik, Wirtschaft und Kirche

Die folgenden Zeugnisse aus der jüngeren Vergangenheit stammen von Verantwortungsträgern aus Politik, Wirtschaft und Kirche. Zunächst kommen fünf Losungsleserinnen bzw. Losungsleser zu Wort, die ganz unterschiedlichen Parteien angehören. Sie zeigen, dass sie die Losungen nicht als Selbstbestätigung oder gar als göttliche Einverständniserklärung mit parteipolitischen Entscheidungen verstehen. Die Losungen sind für alle Politiker, die zu Wort kommen, weniger Kundgabe von Gottes Willen in politischen Entscheidungssituationen, als vielmehr Rahmen, Orientierungshilfe und Positionslicht angesichts von Entscheidungen, die sie jeweils selbst zu treffen haben.

Finanzminister Wolfgang Schäuble von der CDU schreibt: »In der Welt, in der wir heute leben, tut Orientierung not. Wollen wir nicht an den dramatischen Herausforderungen unserer Gesellschaft und der Globalisierung scheitern, brauchen wir festen Anhalt für unsere Entscheidungen. Der christliche Glaube ist eine starke Quelle solcher Orientierungspunkte. Der Grundgedanke der Herrnhuter Losungen, Menschen das Wort

Gottes mit auf den Weg ihres täglichen Lebens zu geben, ist deshalb heute so aktuell wie je. Es ist gut und wichtig für uns alle, dass es die Losungen und dass es Leser für sie gibt.«[2] Schäuble versteht die Losungen als Orientierungshilfe angesichts der Unübersichtlichkeit der spätmodernen Gesellschaft. Sie sind in seinen Augen besonders gut geeignet, die Orientierungskraft des christlichen Glaubens in den Herausforderungen des Lebens kraftvoll zur Geltung zu bringen. Schäuble ist überzeugt, dass die Gemeinde der Losungsleserinnen und -leser eine wichtige gesamtgesellschaftliche Funktion erfüllt. Das Grundgesetz der Bundesrepublik Deutschland macht mit dem Hinweis auf Gott in seiner Präambel darauf aufmerksam: »Der freiheitliche, säkularisierte Staat lebt von Voraussetzungen, die er selbst nicht garantieren kann.«[3] Gerade Losungsleser sind mit ihrer bewussten christlichen Spiritualität in der Lage, diese Voraussetzungen lebendig zu halten. Nur so hat der freiheitlich-demokratische Rechtsstaat eine Chance, auf Dauer gegen seine Infragestellungen von innen und außen zu überleben.

Antje Vollmer, die frühere Vizepräsidentin des Deutschen Bundestages und Politikerin von Bündnis 90/Die Grünen, schreibt zu den Losungen: »Wie gut, dass es die Herrnhuter Losungen gibt. Seit 275 Jahren erscheint Jahr für Jahr ein kleiner, unscheinbarer Band: die Losungen. In dieser Kontinuität liegt gerade in Zeiten des Um- und Aufbruchs etwas Tröstliches. Die Evangelische Brüder-Unität, die diese Kontinuität garantiert, knüpft damit wohltuend unauffällig, jenseits von Effekthascherei und missionarischem Übereifer ein gemeinschaftsstiftendes Band. Die Losungen verbinden Menschen aus verschiedenen Konfessionen, von unterschiedlicher Frömmigkeit und auf allen Kontinenten im Geiste der Bibel. Sie wollen Gottes Wort und unseren Alltag zusammenbringen und bieten jeden Tag die Chance zur Auseinandersetzung mit unseren christlichen Wurzeln. Das ist eine Heimat besonderer Art. Möge sie bleiben!«[4] Vollmer betont als erstes die gemeinschaftsstiftende Funktion der Losungen: Über die Grenzen der Konfessionen, Spiritualitäten und Kontinente hinweg verbinden sie ihre Leserinnen und Leser zu einer großen Gemeinde. Aber das ist noch nicht alles:

Angesichts der enormen Traditionsabbrüche und hoher Veraltungsgeschwindigkeit in der Gesellschaft bieten die Losungen ihren Lesern eine seelische Heimat, indem sie Tradition und Situation miteinander verbinden. Ihre Lektüre hilft, sich der eigenen christlichen Wurzeln täglich neu bewusst zu werden.

Susanne Kastner, Vizepräsidentin des Deutschen Bundestages a.D. und ehemalige Parlamentarische Geschäftsführerin der SPD-Fraktion, wurde über ihren Losungsgebrauch befragt. In einem Zeitschriftenartikel finden sich folgende Sätze: »›Wir Bundestagsabgeordnete sind moderne Zigeuner. Wir sind Wanderer zwischen allen Welten, sind viel unterwegs und häufig weg von der Familie.‹ Da brauche man einen Halt im politischen Alltag. So sind die Losungen ein ›wichtiges Büchlein‹ für sie geworden und ›das weiß ich auch von vielen Kolleginnen und Kollegen, die sich als Christen eher bedeckt halten.‹ Bei politischen Veranstaltungen verwende sie die Losungen nicht. Das sei ihr zu ›künstlich‹. Doch, ›wenn es in die Diskussion passt, zitiere ich gerne die Losungen‹, wie die vom 17. März [1999]: ›Mein Leben ist immer in Gefahr, aber dein Gesetz vergesse ich nicht.‹ Psalm 119 Vers 109.«[5] Kastner hebt die seelsorgerliche Dimension der Losungen hervor: Angesichts des von Mobilität geprägten Lebensstils eines Politikers bieten sie Halt. Nebenbei weist sie darauf hin, dass die Losungen nicht bloß von überzeugten Christen gelesen werden. Offensichtlich fühlen sich auch Menschen am Rand der Kirche von ihnen angesprochen.

Die damalige Vizepräsidentin des Deutschen Bundestages und Präses der Synode der EKD Katrin Göring-Eckardt, heute Fraktionsvorsitzende der Partei Bündnis 90/Die Grünen, schreibt: »Kein Tag ohne die Losungen. Schon kurz vor dem Aufstehen oder beim ersten Blick auf den Computerbildschirm. Manchmal erst mitten am Tag, wenn der Wunsch, Atem zu holen schon groß ist und spätestens am Abend. Die Erinnerung an das, was wir glauben, durchbricht immer für einen Moment den Alltag, das Treiben. Manchmal ist dieser Moment winzig, flüchtig, aber immer da. Und so hilft er leben.«[6] Göring-Eckardt stellt in das Zentrum ihres Statements die Beobachtung, dass die Losungen die Chance eröffnen, den Alltag zu unterbrechen. Dadurch werden sie zur Atemhilfe in der Hetze des Lebens. Sie verschaffen ihren Leserinnen und Lesern frischen Sauerstoff, der sie aufleben lässt.

Am Schluss des Abschnitts über den Losungsgebrauch von Politikern soll mein eigener Bericht über das Grußwort des damaligen sächsischen Ministerpräsidenten beim Festakt in Herrnhut anlässlich des 300. Geburtstags Zinzendorfs im Jahr 2000 stehen. Der Katholik Kurt Biedenkopf erzählte: Als er im Gefolge der Wende nach Sachsen gekommen sei und die erste Sitzung der CDU-Fraktion im Dresdner Landtag anstand, habe der Fraktionsvorsitzende, ein evangelischer Pfarrer, zu Beginn der Sitzung darauf hingewiesen, dass es bei ihnen üblich sei, zunächst die Herrnhuter Losungen zu lesen. Er, Biedenkopf, habe gefragt, ob das denn sein müsse. Ja, es müsse sein, war die Antwort. Biedenkopfs Fazit: im Lauf der folgenden Jahre habe er bemerkt, dass die Losungen bei den Beratungen in der Fraktion die Atmosphäre häufig in positiver Weise beeinflusst hätten. Soweit der Bericht. Die Losungen haben offensichtlich die Fähigkeit, ein Klima des Aufeinanderhörens und der Verständnisbereitschaft zu schaffen – selbst in einem nicht-kirchlichen, rein politischen Kontext.

Nicht nur aus dem politischen Bereich, sondern auch aus dem Raum der Wirtschaft gibt es Zeugnisse von der Bedeutung des Losungsgebrauchs. Ein Beispiel möchte ich herausgreifen: »Der zweite Tag der Schlichtung. Wieder versammeln sich am Morgen des 17. Februar 1999 um zehn Uhr die Vertreter des Arbeitgeberverbandes der Metallindustrie von Baden-Württemberg und der Industriegewerkschaft Metall im Kongreßzentrum in Böblingen. Sie passieren die Medienvertreter vor der Tür zum Tagungsraum. Sie kennen die Fragen: Wie stehen die Chancen der Schlichtung? Wird heute der Durchbruch bei den Verhandlungen erreicht? Welches Ergebnis erwarten sie? Ihre Antworten sind ebenso kurz und einsilbig wie am Tag zuvor. Nach außen hin hat sich in den vergangenen Schlichtungsstunden nichts bewegt. Die Fronten scheinen festgefahren. Als erster sitzt der von beiden Seiten akzeptierte Schlichter an dem großen ovalen Holztisch, Dr. Hans-Jochen Vogel, ehemals Bundesminister, Fraktionsvorsitzender der SPD im Deutschen Bundestag und Oberbürgermeister von München. Als es ruhiger wird und alle ihre Plätze eingenommen haben, begrüßt Vogel die Verhandlungspartner und liest zur Überraschung der Anwesenden ein kurzes Wort: ›Laßt unter euch nicht eine Wurzel aufwachsen, die da Gift und Wermut hervorbringt.‹ Es ist die Losung vom 17. Februar 1999 aus 5. Mose 29,17. Er fügt den Vers aus dem Neuen Testament hinzu: ›Alle Bitterkeit und Grimm und Zorn und Geschrei und Lästerung seien fern von euch samt aller Bosheit. Seid aber untereinander freundlich und herzlich und vergebt einer dem andern, wie auch Gott euch vergeben hat in Christus.‹ Epheser 4,31–32. Es folgen Sekunden der Stille. Erstaunt blicken sich die sechs Verhandlungsführer an. ›Ein gutes Wort für den heutigen Tag‹, meint Vogel. ›In diesem Sinne lassen Sie uns nun mit der Arbeit fortfahren.‹ 16 Stunden später ist der Kompromiß ausgehandelt, der von beiden Seiten akzeptiert wird.«[7]

Das Beispiel zeigt, wie Losungsworte ihre Relevanz mitten in der Alltagswirklichkeit harter wirtschaftlicher Verhandlungen erweisen. Sie sprechen unmittelbar in die Situation des Arbeitskampfes hinein, indem sie die drohenden negativen Auswüchse solcher Verhandlungen klar benennen: Gift, Wermut, Bitterkeit, Grimm, Zorn, Geschrei und Lästerung. Indem sie den Hörern ein Gegenprogramm vor Augen stellen: Freundlichkeit, Herzlichkeit, Vergebung, fördern sie die Bereitschaft zu einem respektvollen Verhandlungsstil, die unerlässliche Vorraussetzung für jede Einigung.

Als letzte Gruppe von Entscheidungsträgern sollen fünf Personen in kirchenleitender Verantwortung zu Wort kommen. Wolfgang Huber, früherer Ratsvorsitzender der EKD und ehemaliger Bischof von Berlin-Brandenburg-Schlesische Oberlausitz, schreibt: »Mit den Herrnhuter Losungen verbinden sich für mich vier kraftvolle Erfahrungen. Sie orientieren, trösten, bestärken, stellen in Frage. Diese Erfahrungen zeigen, was durch die Tageslosung geschieht: Gottes Wort wirkt. Jeden Tag von neuem. Das Wort der Losungen ist für mich das positive Vorzeichen vor den Terminen des Tages. Das verändert den Alltag und weitet mein Verständnis für das, was mir widerfährt. Es führt zugleich zu einem tieferen Verstehen der biblischen Texte. Der Alltag und das biblische Wort reiben sich aneinander und halten das Nachdenken über Gottes Gegenwart lebendig. Deshalb heißt eines meiner liebsten Losungsworte: ›Ich will Gottes Wort rühmen; auf Gott will ich hoffen und mich nicht fürchten. Was können mir Menschen tun?‹ (Psalm 56,11).«[8] Huber hebt in seinem Statement zunächst die seelsorgerliche Dimension der Losungen hervor. Wie schon das griechische Wort für Seelsorge (Paraklese) im Neuen Testament gleichermaßen Trost und Ermahnung umfasst, wirken auch die Losungen auf doppelte Weise: Auf der einen Seite trösten und bestärken sie, auf der anderen Seite stellen sie selbstverständliche Denk- und Verhaltensmuster in Frage und ermöglichen auf diese Weise Orientierung an Gottes Willen. Darüber hinaus brechen sie für Huber die Diktatur des Sichtbaren auf und halten den Himmel offen.

Rosemarie Wenner, Bischöfin der Evangelisch-methodistischen Kirche in Deutschland, betont: »Ich hatte eine Konferenz zu leiten. Ein anstrengender Sitzungstag lag vor mir. ›Du stellst meine Füße auf weiten Raum.‹ Dieser Vers aus Psalm 31 war das Losungswort an jenem Tag. Ich holte tief Luft und betete: ›Guter Gott, erinnere mich an den weiten Raum, wenn ich in der Gefahr stehe, den Überblick zu verlieren.‹ Der Blick ins Losungsbuch gehört für mich ebenso zur persönlichen Andacht wie das Nachdenken über die ökumenische Bibellese. Oft bringt mich die Zusammenstellung zwischen dem Losungswort und dem Vers aus dem Neuen Testament zum Nachdenken. Manchmal schlage ich nach, in welchem Zusammenhang die Bibelverse stehen. An anderen Tagen prägen sich der Liedvers oder das Gebet besonders ein. Immer verbindet mich die Lektüre der Losungen mit vielen Menschen aus aller Welt. Die Herrnhuter Brüdergemeine macht der Christenheit Jahr für Jahr aufs Neue ein kostbares Geschenk mit den Losungen. Ich will es weiterhin nutzen.«[9] Für Wenner leiten die Losungen zum persönlichen Gebet an. Vielleicht kann man sich ihre Wirkung an der Funktion von motorisierten Fahrzeugen für Segelflugzeuge klarmachen: Sie haben die Aufgabe, die Segelflugzeuge in die Luft zu bringen. Einmal oben, können diese dann selbstständig fliegen. So auch die Losungen: Sie helfen, zum persönlichen freien Gebet zu finden. Außerdem bieten sie für Wenner Inspiration zum theologischen Nachdenken und bilden ein ökumenisches Band zur weltweiten Christenheit.

Pfarrer Ulrich Parzany, ehemaliger Generalsekretär des CVJM-Gesamtverbandes in Deutschland und bekannt geworden durch seine Ansprachen im Rahmen der Evangelisationsveranstaltung ProChrist, stellt fest: »Die Losungen sind für mich der Einstieg in jeden Tag und der Türöffner für meine Bibellese. Ich möchte nicht darauf verzichten.«[10] Parzany weist auf einen wichtigen Aspekt des Losungsgebrauchs hin: Die Losungen sollen die kontinuierliche Bibellese nicht ersetzen, sondern wie ein »Türöffner« zu ihr hinführen.[11]

Peter Strauch, der langjährige Präses des Bundes Freier evangelischer Gemeinden, schreibt: »Seit Jahrzehnten lebe ich mit den Losungen der Herrnhuter Brüdergemeine. In unzähligen Situationen haben sie mich getröstet, gemahnt, ermutigt. Oft habe ich sie in meiner Bibel nachgeschlagen, mir ihr Umfeld angesehen, Zusammenhänge aufgenommen. Wo sie mir besonders wichtig wurden, setzte ich ein Datum dazu. Als meine Frau wegen Krebs ins Krankenhaus musste, lautete die Tageslosung: ›Ich bin der Herr, dein Arzt‹, so etwas vergisst man nicht. Fast jede Gremiensitzung beginne ich mit dem Losungstext. Nein, das Losungsbuch ist aus meinem alltäglichen Leben nicht mehr fortzudenken.« Neben der z. T. verblüffenden seelsorgerlichen Kraft der Losungen in besonderen Situationen und ihrer Fähigkeit, zu theologischem Nachdenken zu inspirieren, hebt Strauch hervor, dass er sie fast immer bei kirchlichen Gremiensitzungen vorliest. Wie im Raum der Politik und der Wirtschaft üben sie offensichtlich auch im Raum der Kirche einen positiven Einfluss auf die Atmosphäre von Verhandlungen aus.

Der emeritierte römisch-katholische Bischof Gerhard Ludwig Müller notiert: »Unser Mensch-Sein ist begründet in der sich hingebenden Liebe Gottes, die ihren Ausdruck in der Schöpfung findet. Jeder Tag ist ein Tag einer neuen Schöpfung, die uns erkennen lässt, dass unser Leben seine ursprüngliche Gestalt und seinen ureigenen Zielpunkt in der Beziehung zu Gott besitzt. Die Herrnhuter Losungen begleiten uns auf diesem Weg der Erkenntnis. Sie geben Hilfe in schwieriger Zeit und vertiefen unser Verständnis wahrer christlicher Existenz, auf die wir uns täglich neu einlassen dürfen.«[12] Müller betont, dass die Losungen ihre Leser vor allem daran erinnern, dass das menschliche Leben erst dadurch zum Ziel kommt, dass es in der Verbindung mit Gott gelebt wird.

Resümee

Die Beispiele zeigen eine Vielzahl von Gebrauchsmöglichkeiten und Wirkungsweisen der Losungen im Bereich von Politik, Wirtschaft und Kirche. Sie werden von den Einzelnen als persönliches Andachtsbuch genutzt, sie entwickeln seelsorgerliche Kraft, sprechen unmittelbar in Lebens- und Entscheidungssituationen hinein, führen zu einer positiven Lebenseinstellung, ermutigen zum Behalten des Überblicks, vertiefen das Verständnis dessen, was Nachfolge Jesu Christi heißt. Daneben finden sie auch öffentliche Verwendung, indem sie z. B. vor Sitzungen verlesen werden. Keiner der Losungsleserinnen und -leser aus Politik, Wirtschaft und Kirche benutzt sie als unmittelbare Entscheidungshilfe. Sämtliche Statements aus dem Raum der Politik gehen vielmehr davon aus, dass die Lektüre der Losungen nur auf indirektem Wege politische Entscheidungen beeinflusst: Die Losungen bieten Orientierung, schenken Heimat, gewähren Halt, ermöglichen Unterbrechung und verändern die Gesprächsatmosphäre zum Besseren.

Von den zahlreichen genannten Wirkungen des Losungsgebrauchs möchte ich abschließend vier hervorheben.

Die Losungen wirken als *Atemhilfe*: Indem die Losungen die Chance bieten, das eigene Tun zu unterbrechen, schenken sie Zeit zum Atemholen, ermöglichen sie Besinnung. Es ist genau dieses Moment der Unterbrechung, das die Losungen für den heutigen Alltag so wertvoll macht. In einer Gesellschaft, in der alles von der eigenen Leistung abhängig zu sein scheint, erinnern sie daran, dass der Mensch das Existenzrecht nicht seiner Leistung verdankt. Die Würde des Menschen ist unantastbar, weil er von Gott gewollt und geliebt ist. Daneben ist das Moment der Unterbrechung deshalb so wichtig, weil in einer lärmerfüllten Mediengesellschaft, die unter Lärmverschmutzung leidet, die Stille zum kostbaren Gut geworden ist. Schon aus Gesundheitsgründen lohnt es sich, regelmäßige Zeiten der Stille und Besinnung einzuhalten. Vor allem aber ist Gottes Stimme eine leise Stimme: »ein stilles, sanftes Sausen«, wie es der Prophet Elia erlebte (1. Kö 19,12). Es bedarf darum des konzentrierten Hinhörens in der Stille, um sie zu vernehmen. Die Losungen helfen dazu.

Die Losungen gewähren *Heimat*: Die Losungen bieten Heimat und Halt in der von räumlicher und zeitlicher Mobilität geprägten Postmoderne. Wer die Losungen liest, reiht sich ein in eine Kette von Leserinnen und Lesern aus allen Weltgegenden, die bereits seit mehr als 280 Jahren Bestand hat. Nimmt man das Lesen von Texten der Bibel insgesamt hinzu, reicht die Kette sogar mehr als 3000 Jahre zurück.

Die Losungen bieten *Orientierungshilfe*: Wesentlich für die Losungen ist auch ihre Orientierungskraft. Viele Losungsverse bringen den Willen Gottes für die Gestaltung des Lebens zum Ausdruck. Sie konfrontieren ihre Leser mit der biblischen Ethik; schlicht gesagt: sie bringen die Gebote Gottes zu Gehör. Dabei gehen die Losungen von der Autorität der Bibel in ethischen Fragen aus. Sie fordern Menschen zum Gehorsam heraus! Zur Nachfolge Jesu Christi gehören Umkehr und Gehorsam![13] Angesichts der modernen Forderung nach menschlicher Autonomie und angesichts postmoderner globaler Veränderungsprozesse ist das eine täglich neue Herausforderung. Damit erweist sich die Losung wieder als das, was sie von Anfang an war: als Parole im Kampf gegen die Mächte des Todes und der Zerstörung. Sie ist mehr als ein privates Erbauungsbuch!

Die Losungen stellen *Himmelsöffner* dar: Ursprung und Ziel allen Lebens ist Gott. Mit den »Bekenntnissen« des Augustinus gesprochen: »Unser Herz ist unruhig, bis es ruht, o Gott, in dir.«

Primäre Aufgabe jedes Menschen ist darum die göttliche Beziehungspflege. Die Losungen erinnern ihre Leserinnen und Leser täglich daran. Sie helfen, sich Tag für Tag seiner ewigen Bestimmung zu vergewissern und vertiefen so das Verständnis dessen, was wahre christliche Existenz heißt.

Die Zukunft der Losungen im 21. Jh.: Chancen und Möglichkeiten

Manch einer wird sich fragen, ob die Erfolgsgeschichte der Losungen auch in Zukunft weitergehen wird. Warum eigentlich nicht? Es steckt noch viel unausgeschöpftes Potenzial in ihnen! Die Losungen bieten eine Fülle von Entwicklungsmöglichkeiten, die sie auch im 21. Jh. hochaktuell sein lassen.

Losungen als »Bibel light«: die pädagogische Dimension

Als »Bibel light« waren die Losungen die originellste und folgenreichste Erfindung Zinzendorfs. Die Losungen, verstanden als Weisungen des auferstandenen und gegenwärtigen Herrn, hatten eine pädagogische Aufgabe. Die Brüdergemeine sollte mit ihrer Hilfe lernen, selbstständig die Stimme Jesu Christi in der *ganzen* Bibel zu hören. Der Einfallsreichtum des Grafen kannte dabei keine Grenzen. Er gab z. B. spezielle Losungsausgaben für Kinder und Jugendliche und für Studierende heraus. Die Ausgaben für Kinder etwa wurden in einem ganz kleinen Format gedruckt.

Gerade die pädagogische Funktion der Losungen ist heute wieder aktuell. Durch die Reformation wurde das kollektive Gedächtnis im protestantischen Deutschland von der Bibel geprägt. Die Folge war, dass Glaube und Leben einer Vielzahl von Menschen durch die Bibel bestimmt wurden. Seit längerer Zeit schwindet das biblische Gedächtnis mehr und mehr. Inzwischen hat der biblische Gedächtnisschwund eine rasante Geschwindigkeit erreicht. Die Bibel ist fast ganz in den Hintergrund des öffentlichen Lebens getreten. In unserer Gesellschaft ist das Wort der Bibel entmächtigt, wie es Paul Schütz, einer der vergessenen evangelischen Theologen des 20. Jh., ausgedrückt hat.[1] Ihre Entmächtigung hängt nicht zuletzt damit zusammen, dass sie den meisten Menschen unbekannt ist. In abgeschwächter Form gilt das auch für das interne Leben der Kirche, z. B. für den Religionsunterricht und die Konfirmandenarbeit. Vor allem die persönliche Bibellese ist für die meisten Protestanten keine Selbstverständlichkeit mehr. Die Bibel ist für sie zu einem Buch mit sieben Siegeln geworden. Damit einher geht eine innere und äußere Erosion der evangelischen Landeskirchen, die sich an konstant hohen Austrittszahlen und an ihrer »Selbstsäkularisierung« (Wolfgang Huber) zeigt. Es drängt sich die Schlussfolgerung auf, dass der biblische Gedächtnisschwund und die Krise der Kirche zusammenhängen. Zu einer Erneuerung der Kirche kann es nur kommen, wenn ihr kollektives Gedächtnis wieder stärker durch die Bibel geprägt wird. Auf dem Weg dahin können die Losungen als »Bibel light«, als »Bibelöffner«, als Einstiegshilfe zur Bibellese, einen Beitrag leisten.

Vor den Herausforderungen einer globalen Gemeinschaft: die kommunikative und ökumenische Dimension

Die kommunikative Dimension der Losungen kann gerade in den stürmischen Jahrzehnten des globalen Aufbruchs der Herrnhuter Brüdergemeine während der Zinzendorf-Zeit nicht unterschätzt werden. Es fällt auf, dass der Beginn der Herrnhuter Weltmission mit der Ausreise der ersten Missionare nach St. Thomas in der Karibik 1732 und der erste Druck des Losungsbuches 1731 zeitnah erfolgten. Auch wenn beides nicht ursächlich miteinander zusammenhing, besteht doch eine inhaltliche Verbindung zwischen beiden Ereignissen. Angesichts der Herausforderungen einer globalen Gemeinschaft bewährte sich die kommunikative Dimension der Losungen. Die Losungen führten die an den unterschiedlichsten Orten und auf verschiedenen Kontinenten wohnenden Mitglieder täglich im gemeinsamen Hören auf das gleiche Wort Jesu zusammen.[2] Durch das Lesen der Losungen entstand eine weltweite geistliche Gemeinschaft über alle räumlichen Trennungen hinweg.

Innenansicht des Kirchsaals in Herrnhut, 1823
© Unitätsarchiv Herrnhut, UA, TS Mp.23.1

Überall hörte man auf dieselbe Weisung des auferstandenen Christus: Egal ob in »Herrnhut, Herrnhaag, Herendyk, Pilgerruh, Ebersdorf, Jena, Amsterdam, Rotterdam, London, Oxfort, Berlin, Grönland, St. Crux, St. Thoma, St. Jan, Barbisies, Palästina, Suriname, Savanna in Georgien, bey den Mohren in Carolina, bey den Wilden in Yrene, in Pensylvanien, unter den Hottentotten, in Guinea, in Letten und Esthen, Litthauen, Rußland, am weissen Meer, Lappland, in Norwegen, in der Schweitz, Man, Hitland, im Gefängnis, auf der Pilgerschaft nach Ceylon, Aethiopien, Persien, auf der Visitation bey den Boten der Heyden, und sonst, zu Land und See«, wie es anschaulich auf dem Titelblatt des Losungsbüchleins von 1739 heißt.[3]

Ein eindrucksvolles Beispiel für die kommunikative Kraft der Losungen im 20. Jh. stellt der in »Widerstand und Ergebung« dokumentierte Austausch über die Losungen zwischen dem inhaftierten Dietrich Bonhoeffer, seinen Eltern und seinem zur Wehrmacht eingezogenen Freund Eberhard Bethge und dessen Frau aus den Gefängnisjahren 1943–45 dar.[4]

Inzwischen verbinden die Losungen eine weltweite ökumenische Gemeinschaft von Leserinnen und Lesern über alle Konfessionsgrenzen hinweg. Das gilt in besonderer Weise für Deutschland, wo längst eine Vielzahl von Katholiken zu den regelmäßigen Losungslesern gehört. Da die Losungen inzwischen jedes Jahr in mehr als 50 Sprachen erscheinen – 2013 waren es 56 –, trifft das aber auch weltweit zu. Wie in Deutschland ist es auch in vielen anderen Ländern so, dass eine zahlenmäßig winzige Brüdergemeine das Losungsbuch für eine Mehrheit von Losungslesern aus anderen Kirchen und Denominationen bereitstellt. Das Losungsbuch ist zu einem Zeichen gelebter Ökumene geworden: Es erinnert täglich daran, dass die Bibel für alle Christen die Urkunde ihres Glaubens bildet. Auch die Dritttexte besitzen eine ökumenische Funktion: Indem sie von Menschen mit unterschiedlichem konfessionellem Hintergrund stammen, helfen sie den Losungslesern zur ökumenischen Weite des Gebets.

»Kräftige Ermunterungen«: die seelsorgerliche Dimension

»Ein guter Muth« und »Kräftige Ermunterungen«, die »direkt aufs Herz gehen«, nannte Graf von Zinzendorf die Losungen.[5] Ein Grundwort des Neuen Testaments für das seelsorgerliche Handeln kann man mit »ermutigen« oder auch mit »ermuntern« übersetzen.[6] Die Losungen besaßen von Anfang an seelsorgerlichen Charakter. Zinzendorf hat mit den Losungen instinktiv ein uraltes Mittel der Seelsorge wiederentdeckt. Bereits die ersten literarisch greifbaren Seelsorger der Christenheit, die sog. Wüstenväter und Wüstenmütter im Ägypten des 3. Jh., gaben Menschen ein »Wort des Lebens« mit auf den Weg.[7] Ein solches Wort vermittelte ihnen Orientierung und Halt in ihren Problemen. Häufig bestand es bloß aus einem kurzen Bibelvers.[8]

Viele Missionare der Brüdergemeine erfuhren, dass Losungsverse ihnen buchstäblich zu »Worten des Lebens« wurden. Im Verlauf der Geschichte der Losungen wurden zahllose Menschen durch sie getröstet.[9] In den Archiven der Brüderunität in Herrnhut und in Bad Boll werden viele Briefe von Losungsleserinnen und -lesern aufbewahrt, die davon Zeugnis geben.

»Haushaltungs-Regeln, wornach man den Gang der Gemeine richtet«: Impulse zur Kirchenleitung

Für Zinzendorf waren Losungen »Haushaltungs-Regeln, wornach man den Gang der Gemeine richtet«.[10] Man kann sich gut vorstellen, wie ermutigende Losungen die Brüdergemeine in einmal getroffenen Entscheidungen bestärkte. Umgekehrt führte das gehäufte Auftreten von Gerichtsworten die Gemeinde zur Selbstprüfung.[11] Heute, in einer Zeit permanenter Reformprozesse, gewinnen Zinzendorfs Äußerungen zur kirchenleitenden Funktion der Losungen ungeahnte Aktualität: »Aber was Er [Jesus Christus] mit Seinem Volke thut, unterdeß daß er sitzt und ruht [auf seinem himmlischen Thron], das müssen wir öfters und auf veränderten Theatris besehen; da müssen wir auf den Dörfern der Christen die Augen immer zu etwas neuem aufheben; da gibts neue Materien, neue Lectiones, neue Parolen, neue Feld-Sprüche, neue Loosungen.«[12] Die traditionellen Strukturen einer volkskirchlich verfassten Betreuungskirche werden sich in den kommenden Jahren nur noch schwer aufrechterhalten lassen. Unüberhörbar stellt sich die Frage nach neuen, tragfähigen Strukturen. Die werden, wie der Graf feststellt, nicht anders als durch ein neues Hören auf Gottes Wort – auch in den Losungen – gefunden werden können.

In Deutschland findet inzwischen kaum eine Synode, auch kaum ein Pfarrkonvent statt, zu deren Beginn nicht Losung und Lehrtext gelesen und ausgelegt werden. Häufig hat das in der Andacht Gesagte keine konkreten Auswirkungen auf die nachfolgenden Beratungen und Beschlüsse. Es fungiert lediglich als fromme Garnierung. Wie kann sich das ändern? Nur dadurch, dass die Beschäftigung mit den biblischen Texten wieder zum Grundton des Lebens der evangelischen Christen wird, wie Wolfgang Huber in einem Interview sagte.[13] Im O-Ton heißt es bei ihm weiter: »Dazu gehört auch am Morgen die Beschäftigung mit den Herrnhuter Losungen als dem Wort Gottes, das ich nicht nur an andere weiterzugeben habe, sondern das an mich selbst gerichtet ist.« Darin lag von Anfang an das Geheimnis der Losungen: Sie wurden primär als persönliche Anrede Jesu Christi erfahren.

Das Losungsbuch als Brevier

Das Losungsbuch erhielt seit dem Zweiten Weltkrieg mehr und mehr den Charakter eines evangelischen Breviers. Das war keineswegs selbstverständlich. Verantwortlich dafür war vor allem der Abdruck der Kirchenjahresbibellese, der ökumenischen Bibellese, der Wochensprüche, der Monatssprüche und der Predigttexte neben Losung, Lehr- und Dritttext.

Angesichts einer neu erwachten Sehnsucht nach Spiritualität in manchen Teilen unserer Gesellschaft frage ich mich, ob der Brevier-Charakter des Losungsbuches in Zukunft nicht noch verstärkt werden könnte. Schon die Meditation der Losungsworte stellt eine Gebetshilfe dar. Wenn das Losungsbüchlein noch deutlicher zur Förderung und Anregung der Gebetspraxis seiner Leser und Leserinnen beitragen soll, wäre davon Abstand zu nehmen, Dritttexte abzudrucken, die keinen Gebetscharakter haben. »Das vorformulierte Gebet ist das Armenrecht der Kinder Gottes« (Kurt Ihlenfeld); es vermag durch gebetsarme Zeiten, durch Zeiten geistlicher Dürre hindurchzutragen. Überdies bildet es eine Lernhilfe für das eigene, freie Beten.

Außerdem sollte überlegt werden, ob neben den unterschiedlichen Bibelleseangaben nicht auch ein für die ganze Woche gleichbleibender Meditationstext aus der Bibel unter den Losungen angegeben werden könnte. Es gibt inzwischen viele Menschen, die Meditationskurse besuchen, aber noch keinen Zugang zu regelmäßiger Bibellese gefunden haben. Für sie wäre es hilfreich, auf einen passenden biblischen Meditationstext hingewiesen zu werden, der ihnen im Lauf der Zeit den Zugang zur ganzen Bibel öffnen könnte.

Ausgabe der Losungen für junge Menschen
© Evangelische Brüder-Unität

Ungenutzte missionarische Chancen

Das Losungsbuch ist zwar kein missionarisches Buch im eigentlichen Sinn. Es ist – wie gerade entfaltet – eher ein Brevier. Ich konnte in den vergangenen Jahren aber immer wieder beobachten, dass Menschen, die der christlichen Gemeinde fernstanden, sich durchaus interessiert ein Losungswort vorlesen, ja sogar zusprechen ließen. Die Losungen stellen aufgrund ihrer Verständlichkeit ein niederschwelliges Angebot dar, sich mit dem christlichen Glauben und der Kirche näher zu beschäftigen. Ich frage mich, ob diese Niederschwelligkeit der Losungen nicht in Zukunft verstärkt ausgenutzt werden sollte. Wie wäre es mit Ausgaben des Losungsbüchleins für Leser, die der Kirche zwar noch fern stehen, aber für den christlichen Glauben aufgeschlossen sind? Ein erster Schritt auf diesem Weg sind z. B. Urlaubslosungen für die drei Sommermonate. Sie könnten probeweise ganz anders gestaltet werden als die traditionellen Losungsausgaben. Auch die Herausgabe von besonderen Losungen für Jugendliche und junge Erwachsene stellt einen Schritt in die richtige Richtung dar. Seit 2009 gibt es »Die Losungen für junge Leute«.

Warum nicht auch in der BILD-Zeitung? Die Präsenz der Losungen in den Medien

Ein wichtiges Anliegen muss angesichts zunehmender Entkirchlichung und Entchristlichung sein, das Bibelwort wieder verstärkt ins gesellschaftliche Gespräch zu bringen. Dazu bietet das Losungswort wegen seiner Kürze und Prägnanz in der Mediengesellschaft eine gute Möglichkeit. Es gibt kleinere Tageszeitungen, in denen das Losungswort täglich seinen Platz hat. Zu überlegen wäre, ob es nicht darüber hinaus regelmäßig in größeren Zeitungen abgedruckt werden könnte – am besten zusammen mit einer anschaulichen und griffigen Kurzauslegung. Warum nicht auch in der BILD-Zeitung?

Das Losungsbuch – vertrauter Begleiter seit der Schulzeit

Erfahrungen mit den Losungen zu beschreiben, bedeutet immer ein Wagnis. Wer anderen Menschen Einblick in eigene Gotteserfahrungen gibt, macht sich angreifbar und verletzlich. Solche Erlebnisse sollten darum am besten im persönlichen Gespräch erzählt werden, damit Gelegenheit zu Rückfragen und Erklärungen gegeben ist. Angefangen von den Verfassern der biblischen Bücher haben jedoch zu allen Zeiten der Kirche Männer und Frauen ihre Erfahrungen mit Gott aufgeschrieben. Solche schriftlichen Zeugnisse des Glaubens stellten von Anfang an eine wichtige Form der Weitergabe der Frohen Botschaft dar. Davon, dass es auch zu Zinzendorfs Zeit so war, legen die Bände des Jüngerhausdiariums, Protokollbücher mit Reden des Grafen, wichtigen Entscheidungen der Brüdergemeine und Erfahrungen einzelner Mitglieder, ein beredtes Zeugnis ab. So möchte auch ich es wagen und mich einreihen in die lange Reihe der Nachfolger und Nachfolgerinnen Jesu Christi und von Glaubenserfahrungen mit den Losungen berichten.

Mit dem Beginn der Oberstufe auf dem Gymnasium fing ich an, regelmäßig das Losungsbüchlein zu lesen. Bis dahin wusste ich von der Kirche wenig; von der Brüdergemeine hatte ich nur gehört, dass es sie in Schlesien, der Heimat meiner Familie, bis zum Ende des Zweiten Weltkriegs gab. Mit einer Reihe von Mitschülern war ich kurz vorher durch den Religionsunterricht Christ geworden. Die Religionslehrerin hatte mir zu Weihnachten deshalb »eine Losung« versprochen, wie sie sich – für mich noch unverständlich – damals ausdrückte. Seitdem ist die tägliche Losung mein vertrauter Begleiter geworden. Es hat nur wenige Tage gegeben, an denen ich sie nicht gelesen habe, so unentbehrlich wurde sie mir im Verlauf der Jahre. Dabei blieb es nicht aus, dass sie an manchen Tagen in besonderer Weise zu mir sprach. Von vier Situationen möchte ich erzählen.

Bis zum Beginn des Theologiestudiums, also fast 19 Jahre lang, hatte ich mit meiner Familie in einer kleinen Stadt in Oberhessen gelebt. Es war darum ziemlich aufregend, als ich zum ersten Mal in die weite Welt aufbrach. Als Studienort hatte ich mir eine Einrichtung ausgesucht, die fast 400 km von meiner Heimat entfernt lag. In der ganzen Verwandtschaft hatte es bis dahin noch keinen Theologen gegeben. Ich betrat in mehrfacher Hinsicht ungebahnte Wege. Entsprechend unsicher fühlte ich mich. Daher empfand ich es als eine großartige Zusage Gottes, als ich am Morgen meiner Abreise zum Studienort folgende Losung las: »Der Herr sprach aber zu mir: Sage nicht: ›Ich bin zu jung‹, sondern du sollst gehen, wohin ich dich sende, und predigen alles, was ich dir gebiete« (Jer 1,7). Noch heute erinnere ich mich, wie dieses Wort zum Ruhepol inmitten der Achterbahnfahrt meiner damaligen Empfindungen wurde.

Eine ähnliche Erfahrung machte ich nach dem Studium. Mir war eine Stelle angeboten worden. Nach langen Überlegungen und intensiven Beratungen hatte ich mich entschlossen zuzusagen. Darum war ich wie vom Donner gerührt, als sich herausstellte, dass durch eine Indiskretion noch einmal alles in Frage gestellt war. Eine weitere Sitzung wurde anberaumt, an der diesmal alle beteiligten Gremien teilnehmen sollten. Der Tag der entscheidenden Zusammenkunft kam heran. Bei ihrer Eröffnung knisterte es vor Spannung. Einer meiner Freunde sagte leise zu mir: »Sei ruhig, reg' Dich nicht auf! Hast Du nicht die Losung von heute gelesen? ›Mein Gott hat seinen Engel gesandt, der den Löwen den Rachen zugehalten hat, so dass sie mir kein Leid antun konnten‹ (Dan 6,23).« In der Hitze des Gefechts hatte ich tatsächlich vergessen, in das Losungsbüchlein hineinzuschauen. Dieses Wort erreichte mich in der damaligen Situation nicht sofort. Dann aber wurde ich Zeuge eines Vorgangs, der mich völlig verblüffte: Gleich zu Beginn der Sitzung sprach sich ein einflussreicher Teilnehmer entschieden gegen die Übernahme der Stelle durch mich aus. Alle anderen waren regelrecht betäubt von seinen Ausführungen. Der ganze Vormittag verging in dieser Stimmung. Und dann passierte etwas, was ich mir bis heute nicht erklären kann: Nach der Mittagspause sprach der gleiche

Mann sich ebenso vehement für mein Kommen aus, wie er wenige Stunden zuvor dagegen votiert hatte. Dabei ist es geblieben.

Meine Lieblingslosung steht in Ps 18,20: »Er führte mich hinaus ins Weite, er riss mich heraus; denn er hatte Lust zu mir.« Diese Losung ist mir in den vergangenen Jahren immer wieder begegnet (sie wird wohl relativ häufig gezogen!). An den 23.6.1992 erinnere ich mich gut. Damals ging es um meine Zukunft, ja meine Lebensführung insgesamt. Ich war Pfarrer einer evangelischen Kommunität und lebte und arbeitete dort ausgesprochen gerne. In den zurückliegenden Monaten war es jedoch immer deutlicher geworden, dass meine Zeit dort zu Ende gehen würde. Nach sieben erfüllten Lebensjahren in einer tragenden Lebensgemeinschaft fürchtete ich mich vor dem Alleinleben und dem Neuanfang an der Universität. Durch die Losung sprach Gott damals unmittelbar zu mir. Was ich im Moment als Lebensabbruch und radikale Beschränkung empfand, würde durch ihn zu einem Schritt in die Weite, in ungeahnte Lebenswelten werden. So ist es gekommen.

Ein letztes Beispiel dafür, wie ein Losungswort unmittelbar in meine Lebenssituation hineingesprochen hat: Um sich auf freiwerdende Lehrstühle an deutschen Universitäten bewerben zu können, muss man auch als Theologe nach der Doktorarbeit gewöhnlich eine sog. Habilitationsschrift verfassen, mit anderen Worten: ein größeres Buch schreiben. Ist die schriftliche Habilitationsarbeit von der Fakultät angenommen, kommt es zu einem Habilitationsvortrag vor der Professorenschaft mit anschließender einstündiger »peinlicher Befragung«. Jeder, der dieses Verfahren schon durchlaufen hat, weiß, dass es sich dabei um einen regelrechten »Initiationsritus« für das akademische Lehramt handelt. Der Habilitierte soll nach den schmerzhaften Erfahrungen seiner Initiation niemals wieder in sein »altes Leben« zurückfallen… Das wusste ich und entsprechend beunruhigt war ich. Da sagte zwei Tage vor dem Vortrag einer meiner Seniorenstudenten in Mannheim zu mir: »Schauen Sie doch einmal in das Losungsbuch hinein. Da könnte etwas für Sie drinstehen.« Zu Hause schlug ich die Losung des Tages auf, an dem mein Habilitationsvortrag angesetzt war, und las folgendes: »Gott hat mein Elend und meine Mühe angesehen« (1. Mose 31,42). Dieses Wort traf mich. Ich konnte es mir zu eigen machen. Immer dann, wenn mir in den folgenden Tagen und Stunden der Mut zu entfallen drohte, richtete es mich wieder auf.

Vier Extremsituationen, in denen Gott durch ein Losungswort unmittelbar zu mir sprach. Daneben gab es in den vergangenen 25 Jahren eine Fülle von alltäglichen Erfahrungen, in denen sich das Losungswort als vertrauter Begleiter bewährte.

Samstag 16.3.2013

»Er ist aus dem Lande der Lebendigen
Weggerissen, da er vor die Missetat meines
Volks geplagt war.«

Jesaja 53,8

»Musste nicht Christus dies erleiden und
in seine Herrlichkeit eingehen?«

Lukas 24,26

»Wir danken dir, Herr Jesu Christ,
Dass du für uns gestorben bist
und hast uns durch dein teures Blut
gemacht vor Gott gerecht und gut.«

Christoph Fischer
Johannes 14,15–21 :: Lukas 22,1–6

Zum Ausklang: Umgang und Erfahrungen mit den Herrnhuter Losungen heute – von Detlev Block

Wer zufällig die Losungen in die Hand bekommt und sie aufschlägt, ohne vorher mit der biblischen Sprache in Berührung gekommen zu sein, einfach mal, um da hineinzusehen – der hat vermutlich Fragen über Fragen. Nehmen wir als Beispiel vom Losungsjahrgang 2013 den 16. März (s. S. 170). Das erste Bibelwort lautet: »Er ist aus dem Lande der Lebendigen weggerissen, da er für die Missetat meines Volkes geplagt war«. Von wem ist die Rede? Er – wer ist das? »Missetat« – etwas altertümelnd. Welches Volk ist gemeint? Dem zweiten Bibelwort wird es nicht anders ergehen: Christus? Irgend schon einmal gehört diesen Namen. Was hat der erleiden müssen? Und was ist »seine Herrlichkeit«? Auch der Dritt-Text ergibt keine Klarheit: »Für uns gestorben« – ein Mensch vor langer, langer Zeit? Und das Wort »Blut« erinnert fatal an Krieg, Terror, Gewalt, Unrecht. Schrecklich unmenschlich, gehört es verboten und verhindert! Wie kann das »gerecht und gut« machen?

Fragen über Fragen. Wir schütteln vielleicht den Kopf, gibt es so etwas? Ja, das gibt es mitten unter uns, erst recht im deutschen Gebiet der ehemaligen DDR, aber vielfach auch im übrigen Teil unseres Landes. Deutschland ist weithin Missionsland geworden. Sind die Losungen nur etwas für christliche Insider, denen der Glaube und die Sprache der Bibel und des Gesangbuchs vertraut sind?

Jetzt das Gegenteil, vielen Freunden des christlichen Glaubens vermutlich viel näher. Wir wissen viel von der Bibel, kennen ihre Sprache, ihre Bilder und Gleichnisse, der Glaube begleitet uns schon lange. Manchmal machen wir vielleicht den Eindruck, als wüssten wir alles! Gehören wir zu den »religiösen Bescheidwissern?« Die Losungen sind, schon wenn wir sie flüchtig überfliegen, uns wie selbstverständlich vertraut. Aha, sagen wir, *das* Thema ist also heute dran! Und auch der Dritt-Text, ein alter Choral aus dem Gesangbuch, ist uns bestens bekannt. Wir haben ihn zigmal im Gottesdienst gesungen. Manchmal kann uns ein Bibelwort zu bekannt und vertraut vorkommen, zu selbstverständlich erscheinen und uns gerade dadurch die Botschaft vorenthalten. Zwischen diesen beiden Positionen, die ich bewusst etwas überzeichnet habe, befinden wir Leser und Freunde der Losungen uns. Immer auf der Suche nach neuen Aspekten, nach Fremdem, das wir uns tatsächlich erst vertraut machen müssen, vielleicht auch nach heutigen Gebeten und Liedversen, die uns »anmachen« und treffen. Plötzlich leuchtet uns längst Vertrautes ganz neu auf. Es ist wie mit alten bewährten Chorälen, die wir für uns mit einem Mal als neu entdecken. Ein Beispiel: Der 4. September 2013, der Lehrtext nach dem Römerbrief Kapitel 8, Vers 38 f, die Stimme des Apostels Paulus. Der Wortlaut ist lang und verschachtelt. Wir suchen den verkürzten wichtigsten Satz heraus: »Ich bin gewiss, dass weder Tod noch Leben uns scheiden kann von der Liebe Gottes!« Nun kommen die Zusätze: zuerst was uns alles von Gott trennen könnte: »Engel (auch der Teufel als Macht des Bösen hat Engel, die ihm dienen), Mächte und Gewalten, Gegenwärtiges und Zukünftiges, Hohes und Tiefes und andere Kreaturen«. Und zum Schluss wird die Liebe Gottes noch näher bestimmt: »die in Christus Jesus ist, unserem Herrn«. Bekanntes, oft Gelesenes oder Gehörtes für sich neu entdecken und bewusst machen! Manchmal ergreift uns ein bewegendes Erstaunen über einer Tageslosung, auch ohne eigenes Exegesieren, so am 20. Mai 2013: »Der du mich tröstest in Angst, sei mir gnädig und erhöre mein Gebet!« (Psalm 4,2). Vielleicht gerade an einem Tag, dem wir mit Angst und Sorge entgegensehen. Und dazu gehört als Lehrtext: »Jesus sprach zu Petrus: Ich aber habe für dich gebeten, dass dein Glaube nicht aufhöre« (Lukas 22,32). Wann und in welcher Situation spricht Jesus dieses Wort? Unmittelbar vor der Ankündigung der Verleugnung durch Petrus. So ein Wort kann uns über Tage hinaus begleiten und trösten.

Natürlich muss man nicht immer alles präsent behalten als Losungsleser. Man kann ruhig Stunden später oder am Abend fragen: Was habe ich heute Morgen eigentlich gelesen? Macht nichts, wenn man's nicht mehr weiß – man liest es vielleicht neu nach. Der Augenblick für sich ist wichtig genug. Aber irgendein Wort wird uns überraschend lange begleiten.

Man muss auch nicht alles und jedes auf sich persönlich ausdeuten. Manchmal geht es beim besten Willen nicht! Man muss nicht alles 100 prozentig ausquetschen und auf sich beziehen.

Man kann sich auch an Anregungen oder Ermutigungen freuen, die man im Augenblick nicht braucht. Man kann nicht immer auf der vollen Höhe des Glaubens leben und biblisch aus dem Vollen schöpfen. Aber dankbar sein für das, was uns anspricht und Mut macht. Dankbar sein für die erfüllte Mitte. Spricht mich heute keine Losung an, vielleicht werden andere davon angesprochen. Und morgen und übermorgen gilt mir Gottes Wort auch. Bescheiden, nüchtern, aber erwartungsvoll sein – das lehren uns die Losungen.

Manchmal sind es neben den Bibelworten in Losung und Lehrtext gerade die Dritt-Texte, die die heutigen Losungsleser ansprechen und beschäftigen, sozusagen als Echo der Gemeinde gestern und heute auf das Wort Gottes. Als Autor, dessen geistliche Lied- und Lyriktexte bereits seit 1975 in den Losungen abgedruckt werden und von dem auch in das neue Gesangbuch der Brüdergemeine zahlreiche Lieder aufgenommen sind, erfährt man durch etliche Echos per Post oder Anruf oft bewegende Rückmeldungen aus dem großen Kreis der Losungsgemeinde. Sie zeigen, welche Gedanken und Erfahrungen die Losungsfreunde mit den Dritt-Texten verbinden. Dafür zwei Beispiele, stellvertretend für eine ganze weitere Sammlung von Stimmen, die den heutigen Umgang mit den Losungstexten kennzeichnen. Am 15. Dezember 2011 hatte die Losungsredaktion als Dritt-Text folgende zwei Strophen aus meiner Segenskantate ausgewählt:

Herr, segne meinen Mund tagtäglich!
Dass er, was du uns sagst, bezeugt,
wohlwollend redet und verlässlich
und Unbequemes nicht verschweigt.
Gib, dass er Mut hat zur Versöhnung,
an Lob und Dankbarkeit nicht spart,
auch schweigen kann zur rechten Stunde
und Anvertrautes fest bewahrt.

Am selben Tag rief eine Frau an: »Danke für Ihren heutigen Bitt-Text für den Mund! Er ist zu meinem Gebet geworden. Ich hatte mit meinem Mann ein Gespräch, in dem die Fetzen flogen. Ich fand mich selber schrecklich, aber es musste sein. Sie bringen es auf den Punkt: Unbequemes nicht verschweigen, aber wohlwollend reden und Mut haben zur Versöhnung. Danke!«

Am 5. November 2012 war als Dritt-Text die 3. Strophe des Passionsliedes von Albert Knapp »Eines wünsch ich mir vor allem andern« ausgewählt, das ich für das Evangelische Gesangbuch Niedersachsen/Bremen überarbeitet hatte und in dessen 3. Strophe es nun heißt:

Wie ein Hirt nach seinem Schaf schon trachtet,
längst bevor es seinen Ruf beachtet,
hast du schon vor meiner Zeit
mir den Weg zu Gott befreit.

Ein Leser, der sich für ein Buch bedankte, das ich ihm schickte, schrieb: »Dieser Tage fand ich Ihren Neutext zum 5. November. Er gefällt mir sehr, da er einen Brückenschlag von damals vor 2000 Jahren in mein Leben heute vollzieht. Das ist das Tolle an Jesus: obwohl er lange vor uns gelebt und gewirkt hat, hat er für uns heute den Weg zu Gott frei gemacht und geht uns darin zur Seite – und voraus!«

Ein eigenes Losungserleben, an das ich oft zurückdenke. Am 1. Juni 2005 mitten in der Nacht erkrankte meine Frau, musste ins Krankenhaus und später auch in die Reha-Klinik. Mitten im Schrecken der Nacht überflog ich die Losung. Zuerst den Monatsspruch für Juni: »Wir müssen durch viele Bedrängnisse in das Reich Gottes eingehen« (Apostelgeschichte 14,22). Dann die

Losung: »Siehe, ich will meinen Boten senden, der den Weg bereiten soll« (Maleachi 3,1) und den Lehrtext: »Petrus sprach: Ich weiß wahrhaftig, dass der Herr seinen Engel gesandt und mich errettet hat« (Apostelgeschichte 12,11). Gott kann alles und jeden Menschen als Hilfe in seinen Dienst nehmen: Krankenwagen, Ärzte, Betreuungspersonal, die rechte Zeit und Stunde – und eine gnädige Fügung bis zur Besserung. Auch der Dritt-Text nach Johann Franck war mir in dieser Angstnacht ein Bittgebet nach dem Herzen: »Send auch auf meinen Wegen mir deinen Engel zu und sprich du selbst den Segen zu allem, was ich tu. Verleihe du mir Kräfte aus deines Himmels Höhn!« So ähnlich oder auch ganz anders erleben ungezählte Losungsleser Trost und Kraft. Es gibt davon nicht nur eine Geschichte prominenter Menschen aus Politik, Wirtschaft, Kultur und Theologie, sondern darüber hinaus auch eine Fülle von alltäglichen Losungserlebnissen in Vergangenheit und Gegenwart, die sich im Verborgenen zwischen Gott und Mensch abspielen.

Zum Schluss ein dreifacher Dank für das schmale, aber inhaltsreiche Losungsbuch, das das am weitesten verbreitete christliche Andachtsbuch ist und allein in Deutschland jährlich in einer Auflage von einer Million Exemplaren erscheint:

1. Für das Wunder der kleinen evangelischen Kirche von Herrnhut in über 30 Ländern auf vier Kontinenten und der Losungen in über 50 Sprachen, die weltweit in eine große und intensive Glaubensgemeinschaft hineinnehmen.

2. Für die verantwortungsvolle Arbeit der Evangelischen Brüder-Unität in Herrnhut und Bad Boll an den Losungen, für die besonders das Redaktions-Team und der Losungsbearbeiter zuständig sind. Und eine dankbare Anerkennung, dass sie zur Auslegung von Losung und Lehrtext eine wohlabgestimmte Mischung von Dritt-Texten ermöglichen, neben vielen zeitlos gültigen Gesangbuchliedern auch immer wieder poetische und theologische Stimmen aus der Gegenwart. Es ist beglückend zu sehen, wie Redaktion und Losungsbearbeiter oft auch neue und junge Talente entdecken und in einem Losungsjahrgang mit einbringen. Dabei werden gerade auch die neu gefassten Gebete nach meinem Eindruck gern zur Kenntnis genommen.

3. Für die Freude über den Losungskalender »Licht und Kraft«, der im Aue-Verlag/Möckmühl und im Verlag Ernst Kaufmann/Lahr in Verbindung mit der Herrnhuter Brüdergemeine herausgegeben wird und 2014 im 102. Jahrgang vorliegt. Die geistliche Gabenvielfalt der vielen Autorinnen und Autoren, die jeweils Losung und Lehrtext oder eins von beiden auslegen, gewährleistet ein verständliches heutiges Nahebringen des Wortes Gottes und baut mit an einer lebendigen Andachtsgemeinde. Wer anderen, auch Kirchenferneren die Losungen vertraut machen möchte oder für sich selbst eine hilfreiche Auslegung wünscht, sei auf den Losungskalender hingewiesen.

Alles menschliche Bemühen um Gottes Wort, vom Auslosen der alttestamentlichen Worte unter Gebet über die Auswahl passender neutestamentlicher Worte zur Deutung und Vertiefung bis hin zu einer Antwort der Gemeinde in den Dritt-Texten und den erläuternden täglichen Andachten in »Licht und Kraft« steht letztlich unter dem geistlichen Motto: Soli deo gloria!

Wenn das Wort bei uns ankommt

Wenn das Wort bei uns ankommt
und Wurzeln schlägt
und als winziger Keimling
das Herz bewegt,

wenn der Geist Jesu Christi
uns Kraft zuführt
und die Angst, die uns fesselt,
die Macht verliert,

wenn die Sorge Verständnis
und Zuspruch merkt
und der Trost, den wir geben,
uns selber stärkt,

wenn der Glaube die Müden
lebendig macht
und dem Zweifel die Wahrheit
entgegenlacht,

wenn die Fahnen des Friedens
befreiend wehn
und die Zeichen der Schöpfung
auf Hoffnung stehn,

wenn das Wort uns ermutigt,
auf Gott zu sehn,
und uns Wunder um Wunder
dabei geschehn,

dann hat Gott bei der Arbeit an unsrer Welt
seinen Acker bei uns schon bestellt.
Ja, dann ist er für uns fast zum Greifen nah
und sein Reich auf der Erde schon da
und sein Reich auf der Erde schon da.

Anmerkungen

Nikolaus Ludwig Graf von Zinzendorf (1700–1760) und die Herrnhuter Brüdergemeine: Zur Vorgeschichte der Losungen

1 Vgl. hier und im Folgenden Beyreuther, Die große Zinzendorf-Trilogie, Bd. 1.
2 Zit. nach Beyreuther, Die große Zinzendorf-Trilogie, Bd. 1, 42 f.
3 Vgl. im Einzelnen Langer, Pallas und ihre Waffen.
4 Zit. nach Beyreuther, Die große Zinzendorf-Trilogie, Bd. 1, 63.
5 Zu Geschichte, Konzept und Struktur der Schulstadt Franckes vgl. im Einzelnen Brecht, Der Pietismus, 473 ff.
6 Vgl. dazu im Einzelnen Reichel, Der »Senfkornorden« Zinzendorfs.
7 Vgl. dazu Natzmer, Die Jugend Zinzendorfs.
8 Dazu Daniel, Zinzendorfs Unionspläne.
9 Vgl. hier und im Folgenden Steinecke, Zinzendorfs Bildungsreise.
10 Es gehört heute zu den Beständen der Alten Pinakothek in München.
11 »Ego pro te haec passus sum; Tu vero, quid fecisti pro me?«
12 Zimmerling, Ehe zu dritt?, 216 f.
13 Hansmann, Im Glanz des Barock, 8.
14 Vgl. im Einzelnen Lorenz, Barocke Festkultur, 48.
15 Reichel, Die Anfänge Herrnhuts, 186 f.
16 Zitiert nach Hahn/Reichel, Zinzendorf und die Herrnhuter Brüder, 51.
17 Uttendörfer, Alt-Herrnhut.
18 Vollständiger Abdruck bei Hahn/Reichel, Zinzendorf und die Herrnhuter Brüder, 70ff; vgl. auch Krüger, Lebensformen, 31ff (dort Abdruck aller wesentlichen der insgesamt 84 Paragraphen).
19 So auch Beyreuther, Die große Zinzendorf-Trilogie, Bd. 2, 185.
20 Zinzendorf sagte 1729: »Da mihi locum et movebo mundum« (= Gib mir einen Ort und ich werde die Welt bewegen). Nachweis bei Beyreuther, Die große Zinzendorf-Trilogie, Bd. 2, 199, Anm. 109.
21 Zu den Banden vgl. im Einzelnen Zimmerling, Zinzendorf als Herausforderung für heutige Seelsorge.
22 Vgl. dazu Uttendörfer, Das Erziehungswesen Zinzendorfs, bes. 142 ff.
23 Hahn/Reichel, Zinzendorf und die Herrnhuter Brüder, 94.
24 Vgl. hier und im Folgenden a. a. O., 93ff; Schrautenbach, Der Graf von Zinzendorf; Uttendörfer/Schmidt, Die Brüder, 22ff; Beyreuther, Die große Zinzendorf-Trilogie, Bd. 2, 202ff; Reichel, Die Geschichte des 13. August 1727.
25 Unitätsarchiv (UA) Herrnhut, R 6 A b Nr. 7 (3), zit. nach Hahn/Reichel, Zinzendorf und die Herrnhuter Brüder, 106 f.
26 Beide Belege bei Beyreuther, Die große Zinzendorf-Trilogie, Bd. 2, 204.
27 So auch Krüger, Lebensformen, 34 f.

28 Mit Beyreuther, Geschichte des Pietismus, 191.
29 Beleg bei a. a. O., 224.
30 Zit. nach Renkewitz, Zinzendorf, 98.
31 Zinzendorf, Nat Refl, 44.
32 Vgl. zu Zinzendorfs pädagogischem Einfluß auf die Gestaltung der Brüdergemeine im Einzelnen Krüger, Lebensformen, 29 ff, bes. 41 ff.
33 Beyreuther, Geschichte, 224.
34 § 2 der »Herrschaftlichen Gebote und Verbote«, vollständig abgedruckt bei: Hahn/Reichel, Zinzendorf und die Herrnhuter Brüder, 70 ff.
35 S. a. a. O., 320.
36 Beyreuther, Die große Zinzendorf-Trilogie, Bd. 2, 189 f.
37 A. a. O., 191 f.
38 § 3 des »Brüderlichen Vereins und Willkür«, zit. bei Hahn/Reichel, Zinzendorf und die Herrnhuter Brüder, 75.
39 Vgl. im Einzelnen die höchst instruktive Untersuchung von Uttendörfer, Alt-Herrnhut und ders., Wirtschaftsgeist.
40 Z. B. für seinen Cousin, den jungen Markgrafen von Bayreuth; s. Beyreuther, Geschichte, 194.
41 Beyreuther, Die große Zinzendorf-Trilogie, Bd. 2, 281.
42 Vgl. hier und im Folgenden Zimmerling, Evangelische Spiritualität, 94 ff.
43 Vgl. zu diesem Abschnitt Zimmerling, Zinzendorf und die Herrnhuter Brüdergemeine, 68 ff.
44 »Ich statuiere kein Christsein ohne Gemeinschaft« (Zinzendorf an Karl Heinrich von Peistel, zit. nach Uttendörfer/Schmidt, Die Brüder, 103).
45 Vorrede des Kinderbüchleins, 05.09.1754, zit. nach Uttendörfer, Evangelische Gedanken, 175.
46 Vgl. im Folgenden bes. Bettermann, Grundsätzliches zum Gottesdienst, 33 ff.67ff; Jannasch, Zinzendorf als Liturg, 98ff; Müller, Die Singstunde, 197 ff.230ff; ders., Entstehung und Entwicklung der brüderischen Kirchenlitanei, 152ff; Uttendörfer, Zinzendorfs Gedanken über den Gottesdienst; Wettach, Kirche bei Zinzendorf, 202 ff.
47 Vgl. Zinzendorf, Zeremonienbüchlein.

Mitten in der Gesellschaft durch die Jahrhunderte. Eine Wirkungsgeschichte der Losungen

1 Vgl. dazu Beyreuther, Zinzendorf-Trilogie, Bd. 2, 208; Schiewe, Eine gute Gabe Gottes, 10 f. Heute findet sich der Vers – leicht abgewandelt – in: Gesangbuch der Evangelischen Brüdergemeine, Nr. 567, 2.
2 Zinzendorf, Sammlung der Losungs- und Textbüchlein, Bd. 1.
3 A. a. O., 1–52.
4 Motel, Die Losungen, 45ff; Hasting, Die Losungen in aller Welt, 20 ff.
5 Vgl. dazu Renkewitz, Die Losungen, 54 f.
6 Motel, Die Losungen, 48 ff.
7 Zinzendorf, Sammlung der Losungs- und Textbüchlein, Bd. 2– 4.
8 Zinzendorf, Sammlung der Losungs- und Textbüchlein, Bd. 1, Vorrede.

9 Zit. nach Uttendörfer/Schmidt, Die Brüder, 261f.
10 Zit. nach a.a.O., 262.
11 Vgl. dazu Uttendörfer, Aus Zinzendorfs Alltagsleben, 62f.
12 Zinzendorf, Sammlung der Losungs- und Textbüchlein, Vorrede.
13 Uttendörfer/Schmidt, Die Brüder, 52f. Im Bericht von Gottlieb Israel heißt es wörtlich: »Es trieben nun manchmal Trümmer vom Schiff heran, so daß ich mir überlegte, ob ich mich ihnen anvertrauen und ans Land auf ihnen schwimmen sollte, aber bald riß das Wasser wieder alles auseinander. Als ich das sah, fragte ich den Heiland im Los (ich riß mir dazu ein Blatt aus dem Losungsbüchlein heraus) ob ich auf der Klippe bleiben soll, und es hieß: ja. So blieb ich also und ließ es auf den Heiland ankommen, ob er mich erretten wolle, und wenn ich auch hier bleiben und sterben sollte, so geschehe sein Wille«, Brüder-Bote 1896, 280ff (zit. nach Hahn/Reichel, Zinzendorf und die Herrnhuter Brüder, 371).
14 Heute: Gesangbuch der Evangelischen Brüdergemeine, Nr. 570, Strophe 2.
15 Renkewitz, Die Losungen, 43.
16 Zit. nach a.a.O., 65.
17 A.a.O., 60.
18 A.a.O., 66.
19 Zur Biografie: Zündel, Blumhardt; Ising, Blumhardt.
20 Zündel, Blumhardt, 83f.
21 A.a.O., 110.
22 Vgl. im Einzelnen Steinecke, Die Diaspora der Brüdergemeine, Teil 1–3; Überblick über die Gemeinschaftspflege (Diasporawerk) der Brüdergemeine.
23 Vgl. dazu die Erinnerungen Roons an seine Schulzeit in der Brüdergemeine, in: Roon, Denkwürdigkeiten.
24 Vgl. dazu Uttendörfer/Schmidt, Die Brüder, 263f.
25 Zit. nach a.a.O., 263.
26 Zit. nach a.a.O., 264.
27 Zit. nach a.a.O.
28 Zit. nach a.a.O.
29 Zu Roons Zeit in den Schulen der Brüdergemeine vgl. Roon, Denkwürdigkeiten.
30 Zit. nach Uttendörfer/Schmidt, Die Brüder, 266.
31 Zit. nach a.a.O.
32 Vgl. hier und im Folgenden a.a.O.
33 Zit. nach Renkewitz, Die Losungen, 68–70.
34 Sven Hedin, Ohne Auftrag in Berlin; zit. nach Renkewitz, Die Losungen, 118f.
35 Friedrich Wittig, Almanach auf das Jahr des Herrn 1962; zit. nach Renkewitz, Die Losungen, 10.
36 »Gefallen in Gottes Hand.« Briefe gefallener Christen, Stuttgart 1952; zit. nach Renkewitz, Die Losungen, 83.
37 Lehndorff, Ostpreußisches Tagebuch.
38 A.a.O., 22.
39 A.a.O., 42.

40 A. a. O., 125.
41 A. a. O., 140.
42 A. a. O., 170.
43 A. a. O., 220.
44 Gollwitzer, Bericht einer Gefangenschaft, 22–24 (Hervorhebungen im Text); vgl. auch Renkewitz, Die Losungen, 73 f.
45 A. a. O., 74 f.
46 Zit. nach a. a. O., 79.
47 Zit. nach a. a. O., 81.
48 Zit. nach: Gill, Im Gespräch mit den Losungslesern, 51.
49 Vgl. hier und im Folgenden Gill, Das Losungsbuch im geteilten Deutschland, 19–25, die Zahlenangabe 23.
50 Zit. nach: ZinzendorfMagazin, 4.

»Da muss man ja vergnügt sein«: Bismarck (1815–1898) als Losungsleser

1 Im Archiv befinden sich unter der Signatur A 198 die Losungsausgaben der Jahre 1815 (Bismarcks Geburtsjahr), 1865–69, 1871–78, 1880–92. Ob alle fehlenden Ausgaben sich im Bismarckmuseum befinden, wo eine Reihe von Losungsbüchern in Vitrinen aufgeschlagen liegt, konnte ich nicht exakt feststellen. Mindestens muss 1933 noch ein Losungsbuch von 1864 vorhanden gewesen sein, das Arnold Oskar Meyer in seinem Buch über »Bismarcks Glaube. Nach neuen Quellen aus dem Familienarchiv« ausgewertet hat. Im Schuber A 198 ist überdies zu finden: Die Psalmen Davids nach Dr. Martin Luthers Übersetzung, Berlin 1868. Verlag der britischen und ausländischen Bibelgesellschaft. Depot: Wilhelmstraße Nr. 33 (sehr zerlesen, die Bindung in Auflösung).
2 Vgl. dazu Steinecke, Die Diaspora der Brüdergemeine, Teil 1–3; Überblick über die Gemeinschaftspflege (Diasporawerk) der Brüdergemeine.
3 Dazu Engelberg, Bismarck. Urpreuße und Reichsgründer, 185 ff.
4 Dazu im Einzelnen a. a. O., 194–206.
5 Rothfels, Bismarck-Briefe, 56–60.62.
6 Das ist immer wieder getan worden; in meinen Augen immer noch am treffendsten bei: Muralt, Bismarcks Verantwortlichkeit, 38–74.
7 Rothfels, Bismarck-Briefe, 56 f.
8 Zit. bei Engelberg, Bismarck. Urpreuße und Reichsgründer, 192.
9 Rothfels, Bismarck-Briefe, 57.
10 A. a. O., 58.
11 Vgl. dazu Engelberg, Bismarck. Urpreuße und Reichsgründer, 193 f.
12 Rothfels, Bismarck-Briefe, 58 f.
13 Die Krockow offensichtlich nicht verstanden hat: Er meint, dass Bismarck »bloß beiläufig und floskelhaft« von Christus spreche (Krockow, Bismarck, 47).
14 Rothfels, Bismarck-Briefe, 59.
15 Engelberg, Bismarck. Urpreuße und Reichsgründer, 193.

16 A.a.O., 191: »Um voranzukommen, mußte er sich irgendwo anschließen; um gefördert zu werden, bedurfte er der Gönner ebenso wie des politischen-sozialen Rückhalts.«
17 A.a.O., 233.
18 A.a.O., 193.
19 Krockow, Bismarck, 47.
20 A.a.O.
21 A.a.O., 48.
22 Rothfels, Bismarck-Briefe, 155.
23 Moritz Busch, Tagebuchblätter, Bd. 1, Leipzig 1899, 247, Gespräch vom 28.9.1870; zit. nach Krockow, Bismarck, 48.
24 Rothfels, Bismarck-Briefe, 156.
25 Krockow, Bismarck, 47.
26 Vgl. zum Briefabschnitt auch Muralt, Bismarcks Verantwortlichkeit, 89–93.
27 Vgl. dazu Rau, Bismarck und Varzin; Seggern, Bismarck als Gutsherr.
28 Vgl. dazu im Einzelnen Meyer, Bismarcks Glaube, 16.
29 Vgl. Seggern, Bismarck als Gutsherr.
30 Vgl. dazu im Einzelnen Meyer, Bismarcks Glaube, 16.
31 Hier und im Folgenden weitere Einzelheiten bei a.a.O., 18.
32 A.a.O., 19f.
33 Abgedruckt in: Engelberg, Bismarck. Urpreuße und Reichsgründer, II.
34 Vgl. dazu Rau, Bismarck und Varzin, bes. 44–46.
35 So gegenüber Lucius von Ballhausen, in: Engelberg, Bismarck. Urpreuße und Reichsgründer, II.
36 Uttendörfer/Schmidt, Die Brüder, 266.
37 A.a.O., 265. Damals wurde noch sowohl unter der alttestamentlichen Losung als auch unter dem neutestamentlichen Lehrtext je eine Liedstrophe abgedruckt.
38 Meyer, Bismarcks Glaube, 51.
39 A.a.O., 21.
40 A.a.O., 23.
41 So auch a.a.O., 43.
42 Petersdorf, Kleist-Retzow, 357; dagegen argumentiert Meyer, Bismarcks Glaube, 35.
43 Im Brief an Albrecht von Roon vom 27.8.1869 schreibt Bismarck: »Lesen Sie die Losung vom 14. August [Lk 16,9: »Macht euch Freunde mit dem ungerechten Mammon«] mit weltlicher Interpretation, wie sie sich mir aufdrängte«.
44 Bonhoeffer, DBW, Bd. 8, 512.509 u.ö.
45 A.a.O., 555.
46 A.a.O., 534.
47 A.a.O., 542.
48 A.a.O., 541.
49 A.a.O., 501.
50 Das sieht auch Krockow, kommt aber zu ganz anderen Schlüssen, die jedoch dem Glauben Bismarcks insgesamt nicht gerecht werden: »Der Gott

Bismarcks trägt eher die Züge des Alten Testaments, des Herrn Davids, als die des Christengotts aus dem Neuen Testament. Es ist ein sozusagen kriegstauglicher Gott, mit dem man wider seine Feinde zu Felde ziehen kann, statt ihnen vergeben zu müssen« (Krockow, Bismarck, 47).

51 Krech, Kulturprotestant, 121–132.

52 Bismarck, Gedanken und Erinnerungen, 342; vgl. zur Interpretation: Kupisch, Zaun der Geschichte, 125 ff.

53 Hier und im Folgenden Meyer, Bismarcks Glaube, 59 ff.

54 Brief an die Braut vom 4.3.1847, in: Otto von Bismarck, Gesammelte Werke, Bd. 14, 72f, zit. nach a.a.O., 240.

55 Schiffers, Bismarck als Christ, 150, zit. nach Hauck, Ein Deutscher, 44.

56 Zit. nach Meyer, Bismarcks Glaube, 62.

»Welch ein Wort für mich!« Jochen Kleppers (1903–1942) Gebrauch der Losungen

1 Klepper, Unter dem Schatten.

2 Thalmann, Jochen Klepper.

3 Klepper, Der Vater.

4 Klepper, Kyrie.

5 Thalmann, Jochen Klepper, 158.

6 Klepper, Unter dem Schatten, 27.

7 Vgl. dazu Slenczka, Ein Lutherwort, 84: »… genau so ist die Beschäftigung mit dem ›Vater‹ Deutung der eigenen Existenz Kleppers, die von demselben überindividuellen Geschick gekennzeichnet ist wie das Leben des Preußenkönigs.«

8 Klepper, Der Vater, 351.

9 Klepper, Ziel der Zeit, 18.

10 Wedemeyer, In des Teufels Gasthaus, 40.

11 Vgl. dazu im Einzelnen Wecht, Klepper, 321–325.

12 A.a.O., 17.

13 Der Brief vom 29.12.1938 befindet sich im Unitätsarchiv in Herrnhut, Mappe: Beziehungen namhafter nichtherrnhutischer Persönlichkeiten zur Brüdergemeine; zit. nach Wecht, Klepper, 321.

14 Eine entsprechende Selbstdarstellung der Brüdergemeine, die in Kleppers frühem Erwachsenenalter erschien, findet sich in: Baudert/Steinmann, Die Welt der Stillen.

15 Klepper, Briefwechsel, 100 f.

16 Die Angaben in Klammern beziehen sich im Folgenden immer auf Klepper, Unter dem Schatten.

17 Belege bei Thalmann, Jochen Klepper, 82f; vgl. etwa den Eintrag vom 23.1.1935 im Tagebuch (Klepper, Unter dem Schatten, 233.

18 So Benno Mascher im Nachwort zu Klepper, Unter dem Schatten, 1139.

19 So der Titel einer Biografie über Klepper von Detlev Block.

20 Wecht, Klepper, 326.

21 A.a.O.

22 Aus der Vorrede zu seinem »Novum testamentum graece manuale« von 1734: »Te totum applica ad textum; et rem totam applica ad te« (so der korrekte Wortlaut).
23 Klepper, Unter dem Schatten, 12.
24 Die präziseste, aus den Quellen gearbeitete Darstellung findet sich m. W. bei: Wecht, Klepper, 292–320.

Spirituelles Grundnahrungsmittel Dietrich Bonhoeffer (1906–1945) und die Losungen

1 Günther, Dietrich Bonhoeffer, 62–70, bes. 65–67; Gärtner, Bonhoeffer und die Losungen; Matthias Meyer, Dietrich Bonhoeffers Impulse, 919–957, bes. 944–955.
2 Bonhoeffer, DBW, Bd. 5; Bonhoeffer, DBW, Bd. 8.
3 Bonhoeffer, DBW, Bd. 16.
4 So Eberhard Bethge in einer persönlichen Mitteilung, zitiert nach Günther, Dietrich Bonhoeffer, 66.
5 Günther, Dietrich Bonhoeffer, 63.
6 Bethge, Dietrich Bonhoeffer, 59. Bethge geht fälschlicherweise davon aus, dass Bonhoeffers Mutter »einige Monate ihrer Jugendzeit in Herrnhut« verbracht habe.
7 Vgl. dazu Leibholz-Bonhoeffer, Weihnachten im Hause Bonhoeffer, 16.
8 Günther, Dietrich Bonhoeffer, 65, Anm. 15.
9 Renkewitz, Die Losungen, 86 f.
10 Vgl. dazu a. a. O., 54 f.
11 So Eberhard Bethge in einer persönlichen Mitteilung, zitiert nach Günther, Dietrich Bonhoeffer, 66.
12 Vgl. im Einzelnen Zimmerling, Bonhoeffer als Praktischer Theologe, 69–76.
13 So Eberhard Bethge in einer persönlichen Mitteilung, zitiert nach Günther, Dietrich Bonhoeffer, 66.
14 Bonhoeffer, DBW, Bd. 5, 43.
15 Bonhoeffer, DBW, Bd. 15, 217–240.
16 Diesen Hinweis verdanke ich Bischof Dr. Theodor Gill, Herrnhut.
17 Bonhoeffer, DBW, Bd. 15, 210 (die Übersetzung 644).
18 Bonhoeffer, DBW, Bd. 16, 651–658.
19 Bonhoeffer, DBW, Bd. 15, 15.
20 A. a. O., 15 f.
21 Bonhoeffer, DBW, Bd. 8, 138 f.
22 A. a. O., 254 f.
23 A. a. O., 422.
24 A. a. O., 541.
25 A. a. O., 572 f.
26 Bethge, Dietrich Bonhoeffer, 1036 f.
27 »He gave me this message twice in the same words, holding my hand firmly in his and speaking with emotional earnestness« (zit. nach Glenthøj, Zwei Zeugnisse, 90; vgl. auch Bonhoeffer, DBW, Bd. 16, 468).

28 Zit. nach a.a.O., 468, Anm. 4.
29 Bonhoeffer, DBW, Bd. 5, 43.
30 A.a.O., 43.
31 Zimmerling, Zinzendorf als Praktischer Theologe, 206 f.
32 Vgl. dazu Vischer, Das Christuszeugnis des Alten Testaments, Bd. 1 f.
33 Bonhoeffer, DBW, Bd. 8, 226 f.
34 Beyreuther, Die Herrnhuter Losungen, 10.

»Combination des Worts und der personellen connexion mit Ihm«: Eine kleine Theologie der Losungen

1 Synode, 22.09.1750, zit. nach Uttendörfer, Evangelische Gedanken, 32.
2 Zinzendorf, 9 öff R, 176.
3 Zinzendorf Nat Refl, 361 f.
4 Beyreuther, Ehe-Religion, 39.
5 Vgl. im Einzelnen Uttendörfer, Jugend, bes. 86 ff.
6 Der Losgedanke stellt eine Besonderheit Zinzendorfs dar, die einzig in der Kirchengeschichte dasteht (vgl. im Einzelnen Beyreuther, Lostheorie, 109–139).
7 Zu Zinzendorfs Schriftverständnis vgl. im Einzelnen: Zimmerling, Zinzendorf und die Herrnhuter Brüdergemeine, 134–146.
8 Jüngerhausdiarium (JHD), 24.12.1751; zit. nach Uttendörfer, Zinzendorf und die Mystik, 237.
9 Zinzendorf, BR, 16.
10 Zinzendorf, BRM; ders., BRF.
11 Zinzendorf, LP 2, 363f; vgl. auch Zinzendorf, LP 1, 111.
12 A.a.O., 368 f.
13 Vgl. dazu Zinzendorf, LP 2, 85 ff.112.
14 Am konsequentesten und durchdachtesten wird diese These von Aalen, Theologie, vertreten.
15 Dazu kam noch die Auseinandersetzung mit dem Moralismus des Halleschen Pietismus.
16 Zinzendorf, LP 1, 311.
17 Zinzendorf, Nat Refl, Beilagen, 135.
18 Zinzendorf, Apol Schl, 643.
19 Zinzendorf, BR, 17.
20 Zinzendorf, LP 2, 112 f.
21 A.a.O., 86.
22 A.a.O., 87.
23 A.a.O., 112.
24 Zinzendorf, Sammlung der Losungs- und Textbüchlein, Bd. 1, Vorrede (unpaginiert); vgl. auch Jüngerhausdiarium (JHD), 25.12.1752, zit. bei Meyer, Christozentrismus, 119 f.
25 So in Zinzendorfs Vorrede zum Losungsbuch von 1751 (wieder abgedruckt in: ders., Sammlung der Losungs- und Textbüchlein, Bd. 3, 1).
26 Nachweis bei Uttendörfer, Mystik, 85.

27 Vgl. Hirsch, Geschichte der neuern evangelischen Theologie, Bd. 1, 75 f.
28 Vgl. zu Bayle a. a. O., 68.
29 Zinzendorf, PR 1, 132.
30 A. a. O., 135.
31 Zinzendorf, WL, 144.149.
32 Zinzendorf, PR 1, 129.
33 Zinzendorf, ZR, 154; Zinzendorf, LP 1, 368.
34 Zinzendorf, CA, 205 f.
35 Zinzendorf, PR 1, 129.
36 A. a. O., 130.
37 A. a. O., 134.
38 Zinzendorf, WL, 146.
39 Zinzendorf, PR 1, 199.
40 A. a. O., 134; Zinzendorf, WL, 145 f.
41 Vgl. z. B. Zinzendorf, LP 2, 363f; Zinzendorf, LP 1, 111.
42 Zinzendorf, WL, 144.
43 Zinzendorf, ZR, 154.
44 Vgl. z. B. Zinzendorf, PR 1, 134.
45 Uttendörfer, Zinzendorfs Weltbetrachtung, 15 ff.117ff; Baumgart, Zinzendorf als Wegbereiter.
46 Zinzendorf, PR 1, 132.
47 A. a. O., 134.
48 A. a. O., 135.
49 Zinzendorf, WL, 144.
50 »… das ist der Beweis, warum der heilige Geist auch in Biblicis alles untereinander gelassen hat, wie es dort in hoc tertio von dem Getraide heißt, laßt beydes miteinander wachsen; weil sehr viele reine Körner in dem geringscheinenden Stroh liegen, daß wenn unverständige Leute drüber kämen und wollten reine machen, so kehrten sie es mit weg. So aber muß beydes beysammen bleiben, hernach kommen die Kenner und suchen sich ihre Sache heraus; denn sie liegt da, sie liegt da für den Sucher, der mit Begierde seines Herzens sucht: unterdessen halten sich die andern beym Schutt auf und springen drauf herum« (Zinzendorf, CA, 169).
51 Zinzendorf, GR 1, Anhang, 19.
52 Zinzendorf, WL, Vorrede, unpaginiert.
53 A. a. O., 143 f.
54 Zinzendorf, ZR, 100 f.
55 S. Kap. 1.3.
56 Beleg bei Beyreuther, Nikolaus Ludwig Graf von Zinzendorf, 132 f.
57 Jüngerhausdiarium (JHD), 31.08.1753, abgedruckt bei: Hahn/Reichel, Zinzendorf und die Herrnhuter Brüder, 352.
58 Uttendörfer/Schmidt, Die Brüder, 129 f.
59 Zit. nach a. a. O., 129.
60 So Beyreuther, Zinzendorf-Trilogie, Bd. 2, 208.
61 Gerhard Meyer, Einführung in Zinzendorfs dichterisches Schaffen, in: Zinzendorf, TG.
62 David, Beschreibung und zuverlässige Nachricht, 68 f.

63 Evangelisches Gesangbuch, Nr. 254, Strophe 1.
64 Uttendörfer, Zinzendorfs christliches Lebensideal, 200 ff.
65 Vgl. hier und im Folgenden Beyreuther, Zinzendorf-Trilogie, Bd. 3, 101 f.
66 So Beyreuther, Lostheorie, 110.
67 A. a. O., 112ff; Hahn/Reichel, Zinzendorf und die Herrnhuter Brüder, 246.
68 Vgl. dazu Ritschl, Geschichte des Pietismus, Bd. 3, 257 und Bd. 2, 434.
69 Hahn/Reichel, Zinzendorf und die Herrnhuter Brüder, 246.
70 So Beyreuther, Lostheorie, 111.
71 A. a. O., 139.
72 Meyer, Christozentrismus des späten Zinzendorf, 259 f.
73 Jüngerhausdiarium (JHD), 24.02.1758, zit. nach Meyer, Christozentrismus des späten Zinzendorf, 259.
74 So a. a. O..
75 Marienborn, Synode, Dez. 1740, 32, zit. nach a. a. O.
76 Jüngerhausdiarium (JHD), 06.01.1760, zit. nach Beyreuther, Lostheorie, 135.
77 Jüngerhausdiarium (JHD), 06.01.1760, zit. bei Meyer, Christozentrismus, 259.
78 A. a. O.
79 Zinzendorf, BS 3, 760 ff.
80 David, Beschreibung und zuverlässige Nachricht, 71f; auch abgedruckt bei Hahn/Reichel, Zinzendorf und die Herrnhuter Brüder, 247.
81 Beyreuther führt ein anschauliches Beispiel von der Gothaer Synode 1740 an: »Auf der Sessio VI der Gothaer Synode von 1740 wird am Nachmittag des 15. Juni über 50mal das Los angewendet. Unter Punkt 33 der nachträglichen Tagesordnung wurde verzeichnet: Ob Boehmer von hier nach Herrnhut und von da recta [=direkt] nach Copenhagen und von dort erst nach Pilgerruh gehn soll? leer* (* = Zeichen für das angewandte Los). Ob eine Reflexion drauff zu machen, daß er den König (von Dänemark) noch in Hollstein antreffen wird? leer* Ob mit seiner Reise=Einrichtung bis Freitag noch zu warten ist? Ja*. Seine Reise nach Herrnhut kann ausgesetzt bleiben, bis er wieder aus Denenmark kommt? leer*« (Beyreuther, Lostheorie, 127).
82 Zinzendorf, Sammlung der Losungs- und Textbüchlein, Bd. 1, Vorrede (unpaginiert).

»Wir haben den Kern aus der Schale herausgemacht«: Gründe für die Erfolgsgeschichte der Losungen

1 Zit. nach: Das Losungsbüchlein der Brüdergemeine, 4.
2 A. a. O.
3 Das wurde erst 1812 endgültig festgelegt (so Schiewe, Eine gute Gabe Gottes, 16).
4 Vgl. dazu im Einzelnen Zimmerling, Gott in Gemeinschaft, 74 ff.
5 Vgl. hier und im Folgenden Beyreuther, Die Herrnhuter Losungen, 10.
6 Vgl. in diesem Zusammenhang Bonhoeffers Unterscheidung von »Letztem« und »Vorletztem« aus seiner »Ethik«, wobei er dafür eintritt, dass das

»Verletzte« aufgrund des »Letzten« nicht vorschnell übersprungen werden darf (Bonhoeffer, DBW, Bd. 6, 137–162).

7 Ziemer, Die Bibel, 281.

8 Außerdem der Text Mt 5,33–37 (»Eure Rede aber sei: Ja, ja; nein, nein«), die Geschichte von Kain und Abel mit dem Hinweis auf das Gezeichnetsein des Brudermörders Kain (Gen 4,15) und schließlich Gal 5,1f: »Zur Freiheit hat uns Christus befreit! So steht nun fest und lasst euch nicht wieder das Joch der Knechtschaft auflegen!« (Ziemer, Die Bibel, 281).

9 Luther, WA 49, 588, 15 ff.

Wenn Entscheidungen anstehen: Können Losungen Ratgeber sein?

1 Dazu im Einzelnen: Merton, Auf den Schultern von Riesen.

2 LosungsMagazin, 4.

3 Böckenförde, Die Entstehung des Staates, 112.

4 LosungsMagazin, 4.

5 Grußbrief der Losungsspende an unseren Freundeskreis, Evangelische Brüder-Unität. Herrnhuter Brüdergemeine, Bad Boll, Nr. 2/1999, 4 f.

6 Die Losungen. Ein Magazin, 4.

7 Grußbrief der Losungsspende an unseren Freundeskreis, Evangelische Brüder-Unität. Herrnhuter Brüdergemeine, Bad Boll, Nr. 1/1999, 10 f.

8 LosungsMagazin, 4.

9 Die Losungen. Ein Magazin, 4.

10 LosungsMagazin, 4.

11 Vgl. dazu Dietrich Bonhoeffers Drängen auf diese Zuordnung im »Gemeinsamen Leben« (Bonhoeffer, DBW, Bd. 5, 43).

12 LosungsMagazin, 4.

13 Heidland, Die Losungen, besonders 17–24.

Die Zukunft der Losungen im 21. Jh.: Chancen und Möglichkeiten

1 Paul Schütz, Die Kunst des Bibellesens, 17 ff.

2 Vgl. Hahn/Reichel, Zinzendorf und die Herrnhuter Brüder, 240 f.

3 Zinzendorf, Sammlung der Losungs- und Textbüchlein, Bd. 1, 417.

4 Bonhoeffer, DBW, Bd. 8, (s. Sachregister »Herrnhut«); dazu: Meyer, Dietrich Bonhoeffers Impulse, bes. 953 ff.

5 So in der Überschrift zum ersten gedruckten Losungsbuch von 1731 und in der Vorrede »Der Worte des Buchs für die Gemeine«, 2. Teil, 1755, in: Zinzendorf, Sammlung der Losungs- und Textbüchlein; Bd. 3, 454 f.

6 Schmitz, Art. parakaleo, in: ThWNT, Bd. 5, bes. 790–98.

7 Seitz, Wüstenmönche, 81–111.

8 Auch die traditionelle Frömmigkeit der evangelischen Landeskirchen ist bis heute weithin Spruchfrömmigkeit: Man denke nur an die große Be-

deutung, die Konfirmations- und Trausprüche für viele Kirchenmitglieder besitzen.

9 Gill, Im Gespräch mit den Losungslesern, 50ff; LosungsMagazin, 26ff.

10 Zinzendorf, Sammlung der Losungs- und Textbüchlein, Bd. 1, Vorrede (unpaginiert).

11 A.a.O. heißt es dazu: »Es wird daraus offenbar erscheinen, wie reichlich das Wort Gottes unter der Gemeine gewohnt habe, mit was für Worten der Heilige Geist dieses Volk der Gnadenwahl von Zeit zu Zeit geweidet, es dadurch regieret und es von Grad zu Grade in der Gnade und überschwenglichen Erkentnis Jesu Christi habe wachsen lassen; wie Er dasselbe in oft sehr schweren Fällen getröstet und im Glauben gestärket habe; wie Er ihnen dadurch bey guten Tagen ein zeitigs notabene und Warnung gegeben habe; wie treulich Er dasselbe vor Schaden gewarnet; in Gefahr den besten Rath gegeben, der Gemeine Verhalten gegen die Welt geordnet und derselben Gang gewiß gemacht; und wie Er diese Gottes-Worte oft zum Richter der verborgensten Gedanken des Herzens gemacht habe.«

12 A.a.O.

13 Huber/Berg, Vor Gott und den Menschen, 85.

Literatur

A. Die gedruckten Schriften Zinzendorfs

Sie sind aufgeführt in der Reihenfolge ihres ersten Erscheinens. Die Abkürzungen in Klammern entsprechen den von der Zinzendorf-Arbeitsgruppe der Pietismus-Kommission vorgeschlagenen Abkürzungen.

Da die benutzten Quellen und wichtigsten Schriften über Zinzendorf überwiegend in der von Erich Beyreuther und Gerhard Meyer (fortgeführt von Matthias Meyer und Peter Zimmerling) im Olms-Verlag besorgten Ausgabe der Zinzendorfschriften wieder abgedruckt sind, werden sie auch dort nachgewiesen.
Die Zinzendorfschriften sind in folgenden Reihen erschienen:

- Nikolaus Ludwig von Zinzendorf, Hauptschriften (Hauptschriften).
- Nikolaus Ludwig von Zinzendorf, Ergänzungsbände zu den Hauptschriften (Hauptschriften Erg).
- Nikolaus Ludwig von Zinzendorf, Materialien und Dokumente, Reihe 1 (Materialien, Reihe 1).
- Nikolaus Ludwig von Zinzendorf, Materialien und Dokumente, Reihe 2 (Materialien, Reihe 2).
- Nikolaus Ludwig von Zinzendorf, Materialien und Dokumente, Reihe 3 (Materialien, Reihe 3).
- Nikolaus Ludwig von Zinzendorf, Materialien und Dokumente, Reihe 4 (Materialien, Reihe 4).

1735
Teutsche Gedichte, Barby ^{2}1766, wieder abgedruckt in: Hauptschriften Erg Bd. 2, Hildesheim 1964 (TG).

1738
Berliner Reden an die Männer, Berlin 1738, wieder abgedruckt in: Hauptschriften Erg Bd. 14, Hildesheim 1985 (BRM).
Berliner Reden an die Frauen, Berlin 1738, wieder abgedruckt in: Hauptschriften Erg Bd. 14, Hildesheim 1985 (BRF).
Berlinische Reden, London/Barby ^{2}1758, wieder abgedruckt in: Hauptschriften Bd. 1, Hildesheim 1962 (BR).

1740
Büdingische Sammlung, Bd. 1–3, Büdingen 1742–1745, wieder abgedruckt in: Hauptschriften Erg Bd. 7–9, Hildesheim 1965–1966 (BS 1–3).

1744
Pennsylvanische Reden, 1.–2. Teil, Büdingen ²1746, wieder abgedruckt in: Hauptschriften Bd. 2, Hildesheim 1963 (PR 1 und 2).

1746
Naturelle Reflexionen, 1746, wieder abgedruckt in: Hauptschriften Erg Bd. 4, Hildesheim 1964 (Nat Refl).

1747
Homilien über die Wundenlitanei, 1747, wieder abgedruckt in: Hauptschriften Bd. 3, Hildesheim 1963 (*WL*).
9 öffentliche Reden, 1747, wieder abgedruckt in: Hauptschriften Bd. 6, Hildesheim 1963 (9 öff R).
Zeister Reden, o. O. 1746–1747, wieder abgedruckt in: Hauptschriften Bd. 3, Hildesheim 1963 (ZR).

1748
Gemeinreden, 1. und 2. Teil, 1748–1749, wieder abgedruckt in: Hauptschriften Bd. 4, Hildesheim 1963 (GR 1 und 2).
21 Diskurse über die Augsburger Konfession, ²1748, wieder abgedruckt in: Hauptschriften Bd. 6, Hildesheim 1963 (CA).

1752
August Gottlieb Spangenbergs Apologetische Schlußschrift, Leipzig und Görlitz 1752, abgedruckt in: Hauptschriften Erg Bd. 3, Hildesheim 1964 (Apol Schl).

1756
Londoner Predigten, Bd. 1 und 2, London/Barby 1756–1757, wieder abgedruckt in: Hauptschriften Bd. 6, Hildesheim 1963 (LP 1–2).

1757
Zeremonienbüchlein, 1757, wieder abgedruckt in: Hauptschriften Erg Bd. 6, Hildesheim 1965 (Zeremonienbüchlein).

1762
Sammlung der Losungs- und Textbüchlein der Brüder-Gemeine von 1731–1761, Bd. 1–4, Barby 1762, wieder abgedruckt in: Materialien, Reihe 2, Bd. 25.1–4, Hildesheim 1987.

B. Sonstige historische Quellen der Herrnhuter Brüdergemeine

DAVID, CHRISTIAN, Beschreibung und Zuverläßige Nachricht von Herrnhut in der Ober-Lausitz, wie es erbauet worden, und welcher Gestalt nach Lutheri Sinn und Meinung eine recht Christliche Gemeine sich daselbst gesammlet und eingerichtet hat, Leipzig 1735; wieder abgedruckt in: Materialien, Reihe 2, Bd. 24.1, Hildesheim 2000.

Schrautenbach, Ludwig Carl Freiherr von, Der Graf von Zinzendorf und die Brüdergemeine seiner Zeit, hg. von Friedrich Wilhelm Kölbing, Gnadau 1851, wieder abgedruckt in: Materialien, Reihe 2, Bd. 9, Hildesheim 1972.

C. Sonstige Literatur

AALEN, LEIV, Die Theologie des jungen Zinzendorf, Berlin 1966.

BAUDERT, SAMUEL/STEINMANN, THEOPHIL (Hg.), Die Welt der Stillen im Lande. Bilder aus zwei Jahrhunderten herrnhutischer Geschichte und brüderischen Lebens, Berlin 1922.

BAUMGART, PETER, Zinzendorf als Wegbereiter historischen Denkens, Lübeck/Hamburg 1960.

BETHGE, EBERHARD, Dietrich Bonhoeffer. Theologe, Christ, Zeitgenosse. Eine Biographie, Gütersloh [8]2004.

BETTERMANN, WILHELM, Grundsätzliches zum Gottesdienst in der Brüdergemeine, Monatsschrift für Gottesdienst und kirchliche Kunst 34, 1929, 33 ff.67 ff.

BEYREUTHER, ERICH, Die große Zinzendorf-Trilogie, Bd. 1–3, Marburg 1988.

Die Herrnhuter Losungen und ihre Entstehungsgeschichte, in: Unitas Fratrum, Heft 7, 1980, 4–15.

Ehe-Religion und Eschaton, in: ders., Studien, 35–73.

Geschichte des Pietismus, Stuttgart 1978.

Lostheorie und Lospraxis, in: ders., Studien, 109–139.

Nikolaus Ludwig Graf von Zinzendorf. Selbstzeugnisse und Bilddokumente. Eine Biografie, Gießen 2000.

Studien zur Theologie Zinzendorfs, Gesammelte Aufsätze. Neukirchen-Vluyn 1962; wieder abgedruckt in: Materialien, Reihe 2, Bd. 31, Hildesheim 2000.

BISMARCK, OTTO VON, Gedanken und Erinnerungen. Reden und Briefe, mit einer Einführung von Theodor Heuß, hg. von Reinhard Jaspert, Berlin 1978.

BLOCK, DETLEV, Daß ich ihn leidend lobe. Jochen Klepper. Leben und Werk, Lahr-Dinglingen [1]1992.

BÖCKENFÖRDE, ERNST-WOLFGANG, Die Entstehung des Staates als Vorgang der Säkularisation, in: ders., Recht, Staat, Freiheit. Studien zur Rechtsphilosophie, Staatstheorie und Verfassungsgeschichte, Frankfurt a. M. [2]1992.

BONHOEFFER, DIETRICH, Gemeinsames Leben/Das Gebetbuch der Bibel. Eine Einführung in die Psalmen, hg. von G. L. Müller/Albrecht Schönherr, Dietrich Bonhoeffer Werke (DBW), Bd. 5, München 1987.

Ethik, hg. von Ilse Tödt u. a., DBW, Bd. 6, Gütersloh ²1998.
Widerstand und Ergebung. Briefe und Aufzeichnungen aus der Haft, hg. von Christian Gremmels u. a., DBW, Bd. 8, Gütersloh 1998.
Illegale Theologenausbildung. Sammelvikariate (1937–1940), hg. von Dirk Schulz, DBW, Bd. 15, Gütersloh 1998.
Konspiration und Haft (1940–1945), hg. von Jørgen Glenthøj u. a., DBW, Bd. 16, Gütersloh 1996.
Brecht, Martin (Hg.), Der Pietismus vom siebzehnten bis zum frühen achtzehnten Jahrhundert, Geschichte des Pietismus, Bd. 1, Göttingen 1993.
Daniel, Thilo, Zinzendorfs Unionspläne 1716 bis 1723. Nikolaus Ludwig von Zinzendorfs theologische Entwicklung bis zur Gründung Herrnhuts, Beiheft der Unitas Fratrum 11, Herrnhut 2004.
Das Losungsbüchlein der Brüdergemeine, Herrnhut 1936.
Die Losungen. Ein Magazin zu den Losungen der Herrnhuter Brüdergemeine, hg. von der Direktion der Evangelischen Brüder-Unität. Herrnhuter Brüdergemeine im November 2009 als Sonderausgabe des Herrnhuter Boten, Basel 2010.
Direktion der Evangelischen Brüder-Unität, Distrikt Herrnhut (Hg.), Alle Morgen neu. Die Herrnhuter Losungen von 1731 bis heute, Berlin 1976.
Engelberg, Ernst, Bismarck. Urpreuße und Reichsgründer, Bd. 1, München 1991.
Evangelische Brüderunität (Hg.), Die Losungen der Herrnhuter Brüdergemeine. Geschichte, Entstehung, Verbreitung, Gebrauch, Herrnhut/Basel 2003.
Evangelisches Gesangbuch, Ausgabe für die Evangelisch-Lutherische Landeskirche Sachsens, Leipzig 2004.
Gärtner, Burkhard, Dietrich Bonhoeffer und die Losungen, 12.9.1999, Breklumer Vorträge 18, Aktions- und Besinnungszentrum, Breklum.
Gesangbuch der Evangelischen Brüdergemeine, hg. von der Evangelischen Brüder-Unität. Herrnhuter Brüdergemeine, Basel 2007.
Gill, Theodor, Das Losungsbuch im geteilten Deutschland, in: Evangelische Brüder-Unität (Hg.), Die Losungen der Herrnhuter Brüdergemeine, 19–25.
Gill, Theodor, Im Gespräch mit den Losungslesern, in: Direktion der Evangelischen Brüder-Unität, Alle Morgen neu, 42–54.
Glenthøj, Jørgen, Zwei Zeugnisse von der Ermordung Dietrich Bonhoeffers, in: Rainer Mayer/Peter Zimmerling (Hg.), Dietrich Bonhoeffer aktuell. Biografie, Theologie, Spiritualität, Gießen ²2013, 84–96.
Gollwitzer, Helmut, … und führen, wohin du nicht willst. Bericht einer Gefangenschaft, Gütersloh ³1977.
Günther, Walther, Dietrich Bonhoeffer und die Brüdergemeine, in: Unitas fratrum 7, 1980, 62–71.
Hahn, Hans-Christoph/Reichel, Hellmut (Hg.), Zinzendorf und die Herrnhuter Brüder. Quellen zur Geschichte der Brüder-Unität von 1722–1760, Hamburg 1977.
Wilfried Hansmann, Im Glanz des Barock. Ein Begleiter zu den Bauwerken Augusts des Starken und Friedrichs des Großen, Köln 1992.

Hasting, Günther, Die Losungen in aller Welt, in: Direktion der Evangelischen Brüder-Unität, Distrikt Herrnhut (Hg.), Alle Morgen neu, 20–26.
Hauck, Heinrich, Ein Deutscher und ein Christ. Blicke in Bismarcks Glaubensleben, München 1936.
Heidland, Hans-Wolfgang, Die Losungen im Ringen des Glaubens heute. Überlegungen zu ihrem Selbstverständnis, Hamburg 1980.
Hirsch, Emanuel, Geschichte der neuern evangelischen Theologie, Bd. 1, Gütersloh [3]1964.
Huber, Wolfgang/Berg, Stefan, Vor Gott und den Menschen, Wolfgang Huber im Gespräch mit Stefan Berg, Berlin 2004.
Ising, Dieter, Johann Christoph Blumhardt. Leben und Werk, Göttingen 2002.
Jannasch, Wilhelm, Zinzendorf als Liturg, in: Zinzendorf-Gedenkbuch, hg. von Ernst Benz und Heinz Renkewitz, Stuttgart 1951, 98–117.
Klepper, Jochen, Briefwechsel 1925–1942, hg. und bearbeitet von Ernst G. Riemschneider, Stuttgart 1973.
Der Vater. Roman eines Königs, Stuttgart 1937 (viele Auflagen).
Kyrie. Geistliche Lieder, Berlin-Steglitz 1938 (viele Auflagen).
Unter dem Schatten deiner Flügel. Aus den Tagebüchern der Jahre 1932–142, Stuttgart 1956 (mehrere Auflagen).
»Ziel der Zeit«. Die gesammelten Gedichte, Bielefeld [4]1987.
Krech, Volkhard, Wie lebt ein Kulturprotestant? Beobachtungen zu Habitusformationen eines protestantischen Milieus, in: Spurenlese. Kulturelle Wirkungen der Reformation, hg. von der Reformationsgeschichtlichen Sozietät der Martin-Luther-Universität Halle-Wittenberg, Leucorea-Studien zur Geschichte der Reformation und der Lutherischen Orthodoxie, Bd.20, Leipzig 2013, 121–132.
Krockow, Christian Graf von, Bismarck. Eine Biographie, München [3]2003.
Krüger, Günter, Lebensformen christlicher Gemeinschaften, Beiträge zur praktischen Theologie, hg. von Walter Uhsadel, Heidelberg 1969.
Kupisch, Karl, Durch den Zaun der Geschichte. Gesammelte Aufsätze, Berlin 1964.
Langer, Robert, Pallas und ihre Waffen. Wirkungskreise der Henriette Catharina von Gersdorff, Dresden 2008.
Lehndorff, Hans von, Ostpreußisches Tagebuch. Aufzeichnungen eines Arztes aus den Jahren 1945–1947, München [8]1977.
Leibholz-Bonhoeffer, Sabine, Weihnachten im Hause Bonhoeffer, Wuppertal [6]1984.
Lorenz, Hellmut, Barocke Festkultur und Repräsentation im Schloß zu Dresden, in: Das Dresdner Schloß. Geschichte und Wiederaufbau, Dresdner Hefte 12, Heft 38, [2]1995, 48–56.
LosungsMagazin. Sondernummer zur 275. Ausgabe der Herrnhuter Losungen, hg. von der Direktion der Evangelischen Brüder-Unität. Herrnhuter Brüdergemeine, Herrnhut im Oktober 2004.
Luther, Martin, Werke. Kritische Gesamtausgabe (WA), Weimar 1883 ff.
Merton, Robert K., Auf den Schultern von Riesen. Ein Leitfaden durch das Labyrinth der Gelehrsamkeit, suhrkamp taschenbuch wissenschaft 426, Frankfurt a.M. 1983.

Meyer, Arnold Oskar, Bismarcks Glaube. Nach neuen Quellen aus dem Familienarchiv, München ²1933.

Meyer, Dietrich, Der Christozentrismus des späten Zinzendorf. Eine Studie zu dem Begriff »Täglicher Umgang mit dem Heiland«, Bern/Frankfurt a. M. 1973.

Meyer, Matthias, Dietrich Bonhoeffers Impulse durch Zinzendorf und die Brüdergemeine, in: Rudolf Mohr (Hg.), »Alles ist euer, ihr aber seid Christi«. Festschrift für Dietrich Meyer, Schriftenreihe des Vereins für Rheinische Kirchengeschichte, Bd. 147, Köln 2000.

Motel, Hans-Beat, Die Losungen – ein Buch der weltweiten Christenheit, in: Evangelische Brüder-Unität, Die Losungen der Herrnhuter Brüdergemeine, 45–54.

Müller, Joseph Theodor, Die Singstunde der Brüdergemeine, Monatsschrift für Gottesdienst und Kirchliche Kunst 8, 1903, 197 ff. 230 ff.

Entstehung und Entwicklung der brüderischen Kirchenlitanei, Monatsschrift für Gottesdienst und kirchliche Kunst 7, 1902, 152 ff.

Muralt, Leonhard von, Bismarcks Verantwortlichkeit, Göttingen u. a. 1955.

Natzmer, Gneomar Ernst von, Die Jugend Zinzendorfs im Lichte ganz neuer Quellen, Eisenach 1894.

Petersdorff, Hermann von, Kleist-Retzow. Ein Lebensbild, Stuttgart 1907.

Rau, Christian, Bismarck und Varzin. Erholungsstätte, Wirtschaftsbetrieb, Erinnerungsort, Friedrichsruher Beiträge, Bd. 40, Friedrichsruh 2010.

Reichel, Gerhard, Der »Senfkornorden« Zinzendorfs. Ein Beitrag zur Kenntnis seiner Jugendentwicklung und seines Charakters, 1. Teil: Bis zu Zinzendorfs Austritt aus dem Pädagogium in Halle 1716, Berichte des theologischen Seminars der Brüdergemeine in Gnadenfeld, Heft 9, Leipzig 1914.

Die Anfänge Herrnhuts. Ein Buch vom Werden der Brüdergemeine, Herrnhut 1922.

Die Geschichte des 13. August 1727, Herrnhuter Hefte 13, Gnadau [1927], Neuauflage: Der 13. August 1727, Hamburg 1959.

Renkewitz, Heinz, Die Losungen. Entstehung und Geschichte eines Andachtsbuches, Hamburg ²1967.

Zinzendorf, 2., ergänzte Auflage, Herrnhut 1939.

Ritschl, Albrecht, Geschichte des Pietismus, Bd. 2 Geschichte des Pietismus in der lutherischen Kirche des 17. und 18. Jahrhunderts, Bonn 1984, Nachdruck Berlin 1966.

Geschichte des Pietismus, Bd. 3 Geschichte des Pietismus in der lutherischen Kirche des 17. und 18. Jahrhunderts, Bonn 1986, Nachdruck Berlin 1966.

Roon, Albrecht Theodor Emil von, Denkwürdigkeiten aus dem Leben des General-Feldmarschalls Kriegsministers Grafen von Roon, Bd. 1–2, Breslau ²1892.

Hans Rothfels (Hg.), Bismarck-Briefe, Göttingen ²1970.

Schiewe, Helmut, Eine gute Gabe Gottes – die Losungen im Wandel der Zeiten, in: Evangelische Brüder-Unität, Die Losungen der Herrnhuter Brüdergemeine, 9–18.

Seggern, Andreas von, Bismarck als Gutsherr, Friedrichsruher Beiträge, Bd. 36, Friedrichsruh 2008.
Seitz, Manfred, Wüstenmönche. Menschen, die den Eindruck machen, daß sie beten, in: Christian Möller (Hg.), Geschichte der Seelsorge in Einzelporträts, Bd. 1 Von Hiob bis Thomas von Kempen, Göttingen 1994, 81–111.
Slenczka, Notger, »Ein Lutherwort, das über aller meiner Arbeit stehen soll: ›(…) alles andere Schreiben soll in die und zu der Schrift weisen‹« (24. Juni 1937). Jochen Kleppers theologia crucis, in: Oliver Kohler (Hg.), Wir werden sein wie die Träumenden. Jochen Klepper – eine Spurensuche, Neukirchen 2003, 75–94.
Steinecke, Otto, Die Diaspora der Brüdergemeine in Deutschland. Ein Beitrag zu der Geschichte der evangelischen Kirche Deutschlands, Teil 1–3, Halle a. d. S. 1905–1911.
Zinzendorfs Bildungsreise. An der Hand des Reisetagebuches Zinzendorfs dargestellt, Halle a.S. 1900.
Schmitz, Otto, Art. parakaleo, paraklesis, F. parakaleo und paraklesis im Neuen Testament, in: ThWNT, Bd. 5, hg. von Gerhard Friedrich, Stuttgart 1954, 790–98.
Schütz, Paul, Die Kunst des Bibellesens, zuletzt wieder abgedruckt in: ders., Evangelium. Sprache und Wirklichkeit der Bibel in der Gegenwart, hg. von Hans F. Bürki, Bd. 1 der Gesammelten Werke, Moers 1984.
Thalmann, Rita, Jochen Klepper. Ein Leben zwischen Idyllen und Katastrophen, München 1977.
Überblick über die Gemeinschaftspflege (Diasporawerk) der Brüdergemeine, hg. von der Kirchenabteilung der Deutschen Unitätsdirektion, Gnadau o. J. [1860].
Uttendörfer, Otto, Aus Zinzendorfs Alltagsleben, in: Mitteilungen aus der Brüdergemeine, Heft 3, Mai/Juni 1939, 55–108.
Alt-Herrnhut. Wirtschaftsgeschichte und Religionssoziologie Herrnhuts während seiner ersten 20 Jahre (1722–1742), Herrnhut 1925, wieder abgedruckt in: Materialien, Reihe 2, Bd. 22, Hildesheim 1984.
Das Erziehungswesen Zinzendorfs und der Brüdergemeine in seinen Anfängen, Monumenta Germaniae Paedagogica, Bd. 51, Berlin 1912.
Nikolaus Ludwig von Zinzendorf, Evangelische Gedanken. Gewißheit, Freude, Kraft, Berlin 1948.
Wirtschaftsgeist und Wirtschaftsorganisation Herrnhuts und der Brüdergemeine von 1743 bis zum Ende des Jahrhunderts, Herrnhut 1926, wieder abgedruckt in: Materialien, Reihe 2, Bd. 22, Hildesheim 1984.
Zinzendorfs christliches Lebensideal, Gnadau 1940.
Zinzendorf und die Jugend, Die Erziehungsgrundsätze Zinzendorfs und der Brüdergemeine, Berlin 1923.
Zinzendorfs Gedanken über den Gottesdienst, Herrnhut 1931.
Zinzendorfs Weltbetrachtung, Berlin 1929.
Zinzendorf und die Mystik, Berlin 1952.
Uttendörfer, Otto/Schmidt, Walther E. (Hg.), Die Brüder. Aus Vergangenheit und Gegenwart der Brüdergemeine, Gnadau 1914.

Vischer, Wilhelm, Das Christuszeugnis des Alten Testaments, Bd. 1 Das Gesetz, München 1934.
Das Christuszeugnis des Alten Testaments, Bd. 2 Die Propheten, Zürich 1942.
Wecht, Martin, Jochen Klepper. Ein christlicher Schriftsteller im jüdischen Schicksal, Studien zur Schlesischen und Oberlausitzer Kirchengeschichte 3, Düsseldorf/Görlitz 1998.
Wedemeyer, Ruth von, In des Teufels Gasthaus. Eine preußische Familie 1918–1945, hg. von Peter von Wedemeyer und Peter Zimmerling, Moers ^{6}2013.
Wettach, Theodor, Kirche bei Zinzendorf, Wuppertal 1971.
Ziemer, Jürgen, Die Bibel als Sprachhilfe. Zum Bibelgebrauch in den Kirchen während der ›Wende‹ im Herbst 1989, in: Pastoraltheologie 81, 1992, 280–291.
Zimmerling, Peter, Bonhoeffer als Praktischer Theologe, Göttingen 2006.
Ehe zu Dritt? Nikolaus Ludwig von Zinzendorf und seine Frauen Erdmuth Dorothea von Reuß-Ebersdorf und Anna Nitschmann, in: »Der Herr wird seine Herrlichkeit an uns offenbahren.« Liebe, Ehe und Sexualität im Pietismus, hg. von Wolfgang Breul/Christian Soboth, Hallesche Forschungen 30, Halle 2011, 211–224.
Ein Leben für die Kirche. Zinzendorf als Praktischer Theologe, Göttingen 2010.
Evangelische Spiritualität. Wurzeln und Zugänge, Göttingen ^{2}2010.
Gott in Gemeinschaft. Zinzendorfs Trinitätslehre, in: Nikolaus Ludwig von Zinzendorf, Materialien, Reihe 2, Bd. 32, Hildesheim ^{2}1991.
Nikolaus Ludwig Graf von Zinzendorf und die Herrnhuter Brüdergemeine. Geschichte, Spiritualität und Theologie, Holzgerlingen 1999.
Spirituelles Grundnahrungsmittel. Dietrich Bonhoeffer und die Losungen, in: Deutsches Pfarrerblatt 112, 2012, 4–8.
Nikolaus Ludwig von Zinzendorf als Herausforderung für heutige Seelsorge, International Journal of Practical Theology 6, 2002, 104–120.
Zinzendorf. Ein Magazin zu Nikolaus Ludwig Graf von Zinzendorf, hg. von der Direktion der Evangelischen Brüder-Unität. Herrnhuter Brüdergemeine im September 2010 als Sonderausgabe des Herrnhuter Boten, Herrnhut 2010.
ZinzendorfMagazin. 300 Jahre Nikolaus Ludwig Graf von Zinzendorf und Erdmuth Dorothea Gräfin von Zinzendorf, hg. von der Direktion der Evangelischen Brüder-Unität, Herrnhut 2000.
Zündel, Friedrich, Johann Christoph Blumhardt. Eine Lebensbild, Gießen ^{13}1936.